Rechte und Pflichten

aus dem

Invaliditäts- und Altersversicherungs-Gesetz.

Für den praktischen Gebrauch dargestellt

von

H. Aehnelt,
Kammergerichts-Referendar

und

M. Cohn,
Kammergerichts-Referendar

zu Berlin.

Berlin 1891.
J. J. Heines Verlag.

Inhalt.

Abschnitt I.

Abschnitt II.

Abschnitt III.

Abschnitt I.

Versicherungszwang und Recht zur Versicherung.

§ 1.

Versicherungszwang.

A. Die reichsgesetzliche Invaliditäts- und Altersversicherung steht auf der Grundlage des Versicherungszwanges. Diesem unterliegen allgemein solche Personen, u. zw. regelmäßig auch nur solche, welche gegen Lohn oder Gehalt beschäftigt werden. Bestimmend für die Grenzen des Versicherungszwanges sind hiernach in erster Linie die Begriffe: Lohn und Gehalt.

Ein Unterschied besteht zwischen diesen Ausdrücken nur insofern, als der Letztere auf eine Beschäftigung höherer Art und eine regelmäßige Wiederkehr der Bezüge hinweist.

Salair, Honorar, Gage 2c. sind nur vornehmere Bezeichnungen für den Begriff des Gehalts. Sämtliche Ausdrücke lassen sich als Lohn im weiteren Sinne zusammenfassen.

In diesem bedeutet Lohn das für die verdungene Arbeitskraft zugesagte Entgelt. Demnach bildet die notwendige Voraussetzung des Lohnbegriffs das Vorhandensein eines Vertrages, wonach der eine Teil für den andern zu arbeiten verspricht: eines Lohn- oder Arbeitsvertrages.

Wird nicht das Arbeiten als solches versprochen, sondern die Herstellung eines Werks oder die Vornahme einer bestimmten Handlung, so liegt ein Arbeitsvertrag nicht vor.

Der Preis für Leistungen dieser Art kann deshalb in keinem Falle als Lohn gelten.

Der Vertrag über die Herstellung eines Kleides z. B. ist kein Arbeitsvertrag: Denn Gegenstand desselben ist nicht das Arbeiten als solches, sondern die Herstellung eines Arbeitsprodukts. Ob diese in der Betriebsstätte der beauftragten Person oder in der Wohnung des Auftraggebers erfolgt, macht hierbei keinen Unterschied. Daß auch bei Verträgen dieser Art, ebenso wie beim Arbeitsvertrage, der vereinbarte Preis ganz oder zum Teil eine Vergütung der aufgewendeten Arbeit darstellt, darf nicht irre machen: jede Leistung, die als Entgelt einer Gegenleistung gedacht ist, bringt zugleich auch den Arbeitswert der Letzteren zum Ausdruck. Der Käufer eines Hauses z. B. bezahlt in dem vereinbarten Preise unter Anderem auch die Arbeitswerte, welche das Haus enthält: das Brennen der Backsteine, das Fällen der Bäume, die als Balken dienen, das Ausschmelzen des Eisens, aus dem die Träger bestehen, 2c. — und doch wird Niemand diesen Preis als Lohn bezeichnen.

Die Erstreckung des Lohnbegriffs auch auf die Fälle, wo die Herstellung eines Werks oder die Vornahme einer bestimmten Handlung den Vertragsgegenstand bilden, würde zu unhaltbaren Ergebnissen führen: wir müßten alsdann jeden Schneider, der uns einen Anzug macht, jeden Gepäckträger, der unsere Packete besorgt, jeden Klavierstimmer, der unseren Flügel stimmt, 2c. von rechtswegen versichern.

Ein Arbeitsvertrag liegt auch dann nicht vor, wenn gegen ein einheitliches Entgelt zugleich mit einer anderen Leistung, die den Hauptgegenstand des Vertrages darstellt, als Nebenleistung das Arbeiten als solches versprochen wird. Bei Annahme z. B. einer Droschke auf Zeit ist die Ueberlassung der Droschke zur Benutzung so sehr die Hauptleistung, daß der Fahrpreis, welcher zugleich diese und die aufgewendete Arbeitskraft des Kutschers vergütet, als Ganzes betrachtet, lediglich als Mietspreis für die Gebrauchseinräumung an dem Beförderungsmittel erscheint.

Auf welche Weise der Lohn bemessen wird, ob nach Stunden, Tagen, Wochen 2c. (Zeitlohn), nach der Summe der Arbeitsprodukte (Akkordlohn), oder nach der Höhe des durch die Arbeit hervorgebrachten Unternehmergewinns (Tantième), ist gleichgültig.

Ferner macht es keinen Unterschied, ob die Lohnzahlung in Geld oder in Naturalbezügen geschieht. Jedoch soll nach dem Gesetze die Versicherungspflicht durch eine Beschäftigung gegen nur freien Unterhalt nicht begründet werden.

Unter diesen fallen lediglich die zur unmittelbaren Befriedigung der notwendigen Lebensbedürfnisse dienenden Naturalbezüge: freier Tisch, freie Wohnung, freie Kleidung; — sowie die Geldleistungen, welche an die Stelle dieser Bezüge traten: Kost- Wohnungs- Livréegeld 2c. Daß die volle Summe dieser Bezüge gewährt wird, ist nicht erforderlich. Auch bei Gewährung nur des einen oder des anderen derselben fällt die Versicherungspflicht fort; deshalb sind z. B. Hausverwalter, die als Entgelt für ihre Thätigkeit nur freie Wohnung beziehen, dem Versicherungszwange enthoben. Dasselbe gilt für Dienstmänner, die von dem Institut, dem sie sich verdungen haben, nur freie Kleidung erhalten.

Geschenke, auch wenn sie mit Rücksicht auf vorangegangene Dienstleistungen gemacht werden: Weihnachtszuschüsse, Gratifikationen, soweit sie nicht im voraus vereinbart sind, ferner Trinkgeld, Taschengeld 2c. können niemals als Lohn gelten. Kellner z. B., welche bloß auf die Trinkgelder der Gäste angewiesen sind, unterliegen nicht dem Versicherungszwange.

Ohne Zugrundelegung des für den Eintritt des Versicherungszwanges allein maßgebenden Lohnbegriffs ist es nicht möglich, zu richtigen Resultaten zu gelangen. Dies beweist insbesondere die Anleitung des Reichsversicherungsamts, betreffend den Kreis der nach dem Invaliditäts- und Altersversicherungsgesetz versicherten Personen, vom 31. Oktober 1890.

Nach dieser sollen die Personen, welche berufsmäßig einzelne persönliche Dienstleistungen bei wechselnden Arbeitgebern übernehmen, z. B. Hafenarbeiter, Kofferträger, Dienstmänner, Lohndiener, Führer, Friseusen, Krankenpflegerinnen, ferner Aufwartefrauen, Waschfrauen, Nähterinnen, Büglerinnen, die auf jedesmalige Bestellung in den Häusern der Kunden arbeiten, dem Versicherungszwange dann unterliegen, wenn sie als Arbeiter, dagegen dann nicht, wenn sie als selbständige Gewerbetreibende anzusehen sind.

Dabei sollen im allgemeinen die sogenannten unselbständigen Arbeiter, die Hafen- und Wegearbeiter, die Waschfrauen 2c., welche von Haus zu Haus gehen, als unselbständige Lohnarbeiter, hingegen die Kofferträger, Führer, Dienstmänner, Lohndiener, Krankenpflegerinnen, Friseusen in der Regel als gewerbliche Unternehmer zu behandeln sein. In erster Linie sollen aber die obwaltenden Verhältnisse entscheiden.

Zur Klärung der gesetzlichen Begriffe dient diese Ausführung wahrlich nicht!

Weshalb z. B. eine Waschfrau im allgemeinen unselbständiger sein soll, als eine Friseuse, ist schlechterdings nicht einzusehen. In Wahrheit kommt auf die mehr oder weniger große Selbständigkeit dieser Personen gegenüber den Auftraggebern überhaupt nichts an. Entscheidend ist für den Eintritt der Versicherungspflicht in jedem Falle nur die Frage, ob ein Arbeitsvertrag in dem oben aufgestellten Sinne vorliegt.

Eine Waschfrau ist zu versichern, wenn sie sich zum „Waschen" verdingt. Hingegen nicht, wenn sie es übernimmt, eine bestimmte Quantität Wäsche zu reinigen: denn hier liegt ein Arbeitsvertrag nicht vor. Eine Friseuse, die ihr Geschäft auf eigene Hand betreibt, ist dem Zwange des Gesetzes schlechthin enthoben: denn ihre Arbeitsthätigkeit setzt sich aus einer Reihe bestimmter Handlungen zusammen, und der Inhalt der Verträge, die sie mit ihren Kunden eingeht, bildet nicht das Frisieren als solches, sondern die Herstellung von Frisuren. Ist sie aber in einem Geschäfte bedienstet, so stellt sie ihre Arbeitskraft in den Dienst des Geschäftsinhabers. Dem liegt ein Arbeitsvertrag zu Grunde, und deshalb tritt hier die Versicherungspflicht ein.

Die gleiche Unterscheidung gilt für Dienstleute, Kofferträger, Führer, Droschkenkutscher 2c.

Eine Krankenpflegerin ist in jedem Falle zu versichern, gleichviel, ob sie ihr Geschäft selbständig betreibt, oder in einem Institute angestellt ist. Ersteren Falls schließt sie mit den Kranken, die sie jeweilig pflegt, letzteren Falls mit dem Institute einen Arbeitsvertrag ab, dessen Gegenstand die Ausübung der Pflege bildet.

B. An die Spitze der Ausführung unter A sind folgende Grundsätze gestellt:

I. Der Versicherungszwang erstreckt sich allgemein auf die Lohnempfänger.

II. Demselben sind regelmäßig nur die Lohnempfänger unterworfen.

Beide Grundsätze hat das Gesetz mehrfach durchbrochen.

I. Es erfaßt nicht alle Lohnempfänger mit seinem Zwange, sondern benennt als versicherungspflichtig bestimmte Gruppen, von welchen es wieder verschiedene Personenkreise ausdrücklich ausnimmt. Der Kreis der danach Versicherungspflichtigen ist aber — unter Wahrung des Prinzips — so weit gezogen, daß er sich mit dem der Lohnempfänger überhaupt im Wesentlichen deckt.

Durch die Abgrenzung der Versicherungspflicht nach bestimmten Gruppen wird eine zweifache Einschränkung der prinzipiellen Erstreckung des gesetzlichen Zwangs auf die Lohnempfänger im allgemeinen bewirkt.

Zunächst wird durch eben das namentliche Benennen der einzelnen Gruppen: „Arbeiter, Gesellen, Gehülfen, Lehrlinge, Dienstboten, Seeleute, Betriebsbeamte, Handlungsgehülfen und -lehrlinge" — die Absicht kundgegeben, die Versicherungspflicht nur auf solche Personen auszudehnen, welche einen ihren jeweiligen Berufsstand anzeigenden Titel führen.

Einen Titel giebt allerdings auch der einmal erwählte, selbst nicht mehr ausgeübte Lebensberuf. Ein Bureauvorsteher z. B., welcher als Arbeiter in eine Fabrik eintritt, wird im gesellschaftlichen Verkehr, obschon er seiner Beschäftigung nach Fabrikarbeiter ist, noch immer Bureauvorsteher genannt. Auf Standesbezeichnungen dieser Art kommt aber hier nichts an, weil für den Eintritt des Versicherungszwanges entscheidend allein die jeweilige Beschäftigung ist.

Eine Thätigkeit muß, wenn anders sie den Eintritt in einen Berufsstand bewirken und Grundlage einer Benennung nach diesem sein soll, berufsmäßig ausgeübt werden. Deshalb macht nur die berufsmäßige Beschäftigung versicherungspflichtig.

Das Wesen derselben erhellt am klarsten aus ihrem Gegensatze, der Nebenbeschäftigung. Diese kann die Versicherungspflicht nicht begründen; denn sie giebt keinen Berufstitel.

Mit der berufsmäßigen Beschäftigung sind die gewerbsmäßige, sowie die ständige nicht zu verwechseln.

Die gewerbsmäßige verlangt ihrem Wesen nach eine fortgesetzte, als dauernde Erwerbsquelle gewollte Ausübung. Ihren Gegensatz bilden die vorübergehende und die unregelmäßige Thätigkeit. Sie wird meistens zugleich eine berufsmäßige sein; doch kann sie auch als Nebenbeschäftigung betrieben werden. Die Versicherungspflicht begründet sie nur im ersteren Falle. Deshalb sind z. B. Hausfrauen und junge Mädchen, denen in erster Linie die Fürsorge für das Hauswesen obliegt, auch wenn sie selbst Jahre lang nebenher (zum Erwerbe eines Zuschusses zum Wirtschaftsgelde, eines Taschengeldes 2c.) für Geschäfte arbeiten, nicht versicherungspflichtig: denn sie sind nicht „Arbeiterinnen" im Sinne des Gesetzes.

Andrerseits kann die berufsmäßige Beschäftigung vorübergehend ausgeübt werden. Ein Schauspieler ohne Engagement, der sich, wenn auch nur für kurze Zeit, gezwungen sieht, in einem Theaterbureau Rollenschreiber zu werden, ist für diese Zeit Schreiber und als solcher versicherungspflichtig.

Ständig ist die Beschäftigung, der ein festes Arbeitsverhältnis zu Grunde liegt. Die berufsmäßige kann ständig und unständig ausgeübt werden. Fabrikarbeiter, Handwerksgesellen, Handlungsgehülfen sind ständige, Hafenarbeiter, Krankenpfleger, die nicht in Instituten angestellt sind, unständige Arbeiter: zu den Berufsarbeitern zählen sie alle. Mit der unständigen Arbeit ist nicht die vorübergehende zu verwechseln. Jene kann als dauernde Erwerbsquelle gewollt sein, diese nicht.

Vorübergehende Dienstleistungen können, wie unten des näheren auszuführen, durch Beschluß des Bundesrats von der Versicherungspflicht ausgenommen werden. —

Die weitere durch das namentliche Benennen der einzelnen Gruppen bewirkte Einschränkung besteht in einer stillschweigenden, auf der Beschäftigungsart beruhenden Befreiung einzelner Personenkreise von der Versicherungspflicht.

Die hiermit gemeinten Ausnahmen ergiebt die folgende Darstellung:

Das Gesetz unterwirft seinem Zwange eine Reihe dieser Gruppen schlechthin, andere nur dann, wenn das regelmäßige Jahreseinkommen der darunter begriffenen Personen an Lohn oder Gehalt die Summ von 2000 Mark nicht übersteigt.

Zu den Ersteren gehören:

die Personen, welche als Arbeiter, Gesellen, Gehülfen, Lehrlinge oder Dienstboten gegen Lohn oder Gehalt beschäftigt werden;

ferner die gegen Lohn oder Gehalt beschäftigten Personen der Schiffsbesatzung deutscher Seefahrzeuge und von Fahrzeugen der Binnenschiffahrt;

zu den Letzteren:

die Betriebsbeamten, sowie die Handlungsgehülfen und -lehrlinge.

In Bezug auf sämtliche Gruppen sei erwähnt, daß es für die Versicherungspflicht als solche gleichgültig ist, ob die Beschäftigten innerhalb oder außerhalb der Betriebsstätten ihre Arbeit verrichten, ob sie männlichen oder weiblichen Geschlechts, verheiratet oder unverheiratet, In- oder Ausländer sind.

Auch das Familienverhältnis, in welchem Arbeitgeber und -nehmer zu einander stehen, bewirkt keinen Unterschied. Daß Hauskinder, wenn sie von ihren Eltern gegen Lohn oder Gehalt beschäftigt werden, versichert werden müssen, ist ganz unbedenklich. Allerdings werden sie in den meisten Fällen nur Taschengeld erhalten, und wird deshalb die Versicherungspflicht fortfallen. Zweifelhaft ist die Frage geworden, ob Ehegatten, die bei dem andern als Lohnempfänger bedienstet sind, vom Versicherungszwange erfaßt werden. Das Reichsversicherungsamt hat die Frage verneint, in der Erwägung, daß die Versicherungspflicht ein Abhängigkeitsverhältnis voraussetze, dem das Wesen der Ehe entgegen stehe. Dieser Grund kann als stichhaltig nicht erachtet werden. Die Versicherungspflicht setzt nichts als einen Arbeitsvertrag voraus, welcher bei der freien Gestaltung, den er in der neueren Gesetzgebung erfahren hat, keineswegs ein Abhängigkeitsverhältnis begründet. Zugegeben kann nur werden, daß die wirtschaftliche Abhängigkeit der Menschen von einander, die sich auf allen Gebieten des Lebens geltend macht, im Verhältnis des Arbeitgebers zum -nehmer in besonderer Schärfe hervortritt.

Aus demselben Grunde läßt sich auch die Versicherungspflicht von Eltern, die von ihren Kindern gegen Lohn oder Gehalt beschäftigt werden, nicht in Abrede stellen. —

Unter die Arbeiter, Gesellen, Gehülfen und Lehrlinge sind — abgesehen von den Dienstboten, Seeleuten 2c. — alle Lohnempfänger begriffen, welche zu Verrichtungen mehr mechanischer Art ihre Arbeitskraft — dauernd oder vorübergehend in den Dienst eines Betriebes stellen, oder sich bei vorübergehenden Anlässen zur Vornahme von dergleichen Verrichtungen verdingen.

Der Ausdruck „Betrieb" ist hierbei im weitesten Sinne zu verstehen. In diesem bedeutet er — ausschließlich jedoch der Hauswirtschaften — jeden Inbegriff wirtschaftlicher Thätigkeiten. Ein Betrieb ist deshalb z. B. auch die Verwaltung des eignen Vermögens durch einen Rentner. Geschieht diese unter Verwendung fremder Arbeitskraft, so müssen die Angestellten als Arbeitsgehülfen des Rentners gelten.

Ebenso ist der Begriff der vorübergehenden Anlässe ohne Einschränkung zu nehmen. Es sind damit Anlässe irgend welcher Art, insbesondere auch solche gemeint, welche sich außerhalb von Betrieben oder innerhalb der Hauswirtschaften ereignen, sowie Anlässe überhaupt nicht wirtschaftlicher Art. Die Wäscherin, welche beim Reinigen der großen Wäsche hilft, ist Arbeitsgehülfin der Hausfrau; der Schreiber, welcher das Manuskript eines Buches abschreibt, Arbeitsgehülfe des Verfassers 2c.

Als Verrichtungen mehr mechanischer Art gelten hier alle Thätigkeiten, welche nicht *künstlerisch*, *wissenschaftlich* oder derartig sind, daß sie dem Beschäftigten eine *betriebsleitende* und im Verhältnis zu seinen Arbeitsgenossen *beaufsichtigende* Stellung geben.

Während aber, wie die Aufzählung der versicherungspflichtigen Gruppen ergiebt, die in betriebsleitender Stellung befindlichen Personen — es sind dies die sogenannten Betriebsbeamten — vom Zwange des Gesetzes grundsätzlich erfaßt werden, begründen künstlerische und wissenschaftliche Thätigkeiten die Versicherungspflicht in keinem Falle, so daß z. B. das gesamte Darstellerpersonal der Theater, einschließlich der Choristen und Statisten, die Circuskünstler, die Mitglieder der Musikkapellen, ferner die besoldeten Assessoren der Rechtsanwälte und Notare, die Mathematiker in Versicherungsanstalten dem gesetzlichen Zwange schlechthin enthoben sind.

Die unfreien Arbeiter, d. h. die in Gefängnissen, Arbeits- und Korrektionshäusern untergebrachten und dort beschäftigten Personen, sind als solche vom Versicherungszwange befreit. Dieselben erhalten allerdings ein Entgelt für ihre Thätigkeit. Dieses gründet sich jedoch nicht auf einen freien Arbeitsvertrag und gilt deshalb nicht als Lohn oder Gehalt.

Dienstboten, auch Gesinde genannt, sind in Hauswirtschaften zu Verrichtungen mehr mechanischer Art ständig bedienstete Personen. Es wird, insbesondere auf dem flachen Lande, nicht immer leicht zu entscheiden sein, ob jemand zum Gesinde oder zu der Arbeitern zu rechnen ist. Eine Kuhmagd z. B. gehört, obschon ihr die Obhut über Inventarstücke des Guts zufällt, thatsächlich und ihrer Standesbezeichnung nach zum Gesinde: denn die Milchwirtschaft, in der sie bedienstet ist, stellt sich zumeist als Teil der ländlichen Hauswirtschaft dar, indem sie die Quelle bildet, aus welcher die Hausfrau durch Verwendung oder Verkauf der Milch den Bedarf ihres Hausstandes entnimmt.

Dem Begriffe der Dienstboten gemäß scheiden aus dieser Gruppe nicht nur die zu künstlerischen oder wissenschaftlichen Thätigkeiten in der Hauswirtschaft bediensteten Personen: die Hausbibliothekare, Leibärzte, Hauslehrer rc., sondern überhaupt alle Personen aus, deren Beschäftigung mehr geistiger Art ist: die Gesellschafterinnen, Kindergärtnerinnen, Bonnen rc.

Dagegen macht es bei den Dienstboten keinen Unterschied, ob ihre Stellung eine leitende und im Verhältnis zu ihren Mitbediensteten beaufsichtigende ist oder nicht. Hausmeister, Schaffnerinnen, Köche, die mit der Aufsicht über das übrige Küchenpersonal betraut sind, rc. zählen deshalb schlechthin zum Gesinde.

Die Personen der Schiffsbesatzung: Schiffer (Kapitäne), Schiffsmannschaft, Aufwärter rc. werden von der Versicherungspflicht ausnahmslos erfaßt.

Die Betriebsbeamten, sowie die Handlungsgehülfen und -lehrlinge werden von dem Versicherungszwange frei, wenn ihr nach dem gewöhnlichen Lauf der Dinge vorauszusehender Jahresarbeitsverdienst an Lohn oder Gehalt 2000 Mark übersteigt. Dabei ist es nicht notwendig, daß sie diese Einkünfte von demselben Arbeitgeber beziehen. Es kommt nur darauf an, daß sich ihr gesamtes, voraussehbares Jahreseinkommen in besagter Höhe als Lohn oder Gehalt darstellt. Deshalb ist z. B. ein Handlungsgehülfe, welcher für das Jahr 1500 Mark von seinem Prinzipal erhält, nicht versicherungspflichtig, wenn er an Lohn oder Gehalt aus einem ständigen Nebenerwerb jährlich mehr als 500 Mark bezieht. Jedoch kommen Einkünfte anderer Art: Renten, Spekulationsgewinn 2c. nicht in Betracht.

Betriebsbeamte sind in Betrieben bedienstete, mit der Leitung dieser oder einzelner Teile derselben, sowie der Aufsicht über Mitbedienstete betraute Personen: die Zimmer- und Mauerpoliere, die Schirrmeister, Werkführer, Oberköche, die Gutsadministratoren, sofern sie nicht Pächter sind, die Inspektoren, Oberknechte, Oberschaffner, die Faktoren, Braumeister 2c; ferner, da sich der Begriff der Betriebsbeamten, dem des Betriebes entsprechend, hier über die Grenzen seiner gewöhnlichen Bedeutung hinaus erweitert: die Leiter eines Bureaus, durch welches ein Privater sein Vermögen verwalten läßt, die Bureauvorsteher der Rechtsanwälte, Notare, Patentanwälte 2c.

Die Versicherungspflicht der Bureauvorsteher wird vielfach aus dem Grunde in Abrede gestellt, weil sie im höheren Bureaudienst beschäftigt und ihre Dienstleistungen mehr geistiger Art sind. Dieser Grund ist nicht stichhaltig, denn die in Betrieben angestellten Personen — gleichviel ob ihre Stellung eine leitende ist oder nicht — werden, wie oben ausgeführt, dem Versicherungszwange mit Rücksicht auf die Art ihrer Beschäftigung nur dann enthoben, wenn Letztere eine künstlerische oder wissenschaftliche ist. Wäre der Grund zutreffend, so müßten die Betriebsbeamten größtenteils von der Versicherungspflicht ausgeschlossen bleiben, weil ihre Beschäftigung meistens eine mehr geistige, oft sogar eine rein geistige ist; man denke nur an die

Direktoren der Aktiengesellschaften, welche auch das Reichsversicherungsamt prinzipiell für versicherungspflichtig erklärt.

Handlungsgehülfen und -lehrlinge sind solche Personen, welche in kaufmännischen Betrieben zu Verrichtungen kaufmännischer Art bedienstet sind: die Kassierer, Buchhalter, Reisenden, Kommis, Konfektioneusen ꝛc.

Aus den nach obiger Darstellung versicherungspflichtigen Gruppen werden endlich zahlreiche Personenkreise teils durch das Gesetz, teils durch den Bundesrat auf Grund der ihm gesetzlich erteilten Ermächtigung ausgenommen.

Das Gesetz erklärt für nicht versicherungspflichtig zunächst alle Personen, welche das sechzehnte Lebensjahr noch nicht vollendet haben, eine Beschränkung, welcher die Erwägung zu Grunde liegt, daß jugendliche Lohnempfänger der Invaliditätsgefahr nur im geringen Maße ausgesetzt sind und meistens so wenig verdienen, daß die Heranziehung zu den Versicherungsbeiträgen für sie eine unerschwingliche Last bedeuten würde.

Die gleiche Bestimmung trifft das Gesetz für die Personen, welche in Folge ihres geistigen oder körperlichen Zustandes dauernd nicht mehr im Stande sind, durch eine ihren Kräften und Fähigkeiten entsprechende Lohnarbeit wenigstens ein Drittel des für ihren Beschäftigungsort nach § 8 des Krankenversicherungsgesetzes vom 15. Juni 1883 festgesetzten Tagelohns gewöhnlicher Tagearbeiter zu verdienen.

Die Bestimmung enthält eine große Härte: denn gerade den Bedürftigsten wird damit die Möglichkeit versagt, jemals der Vorteile des Gesetzes teilhaftig zu werden. Zwingende pekuniäre Gründe ließen dieselbe aber geboten erscheinen.

Der Betrag des ortsüblichen Tagelohns gewöhnlicher Tagearbeiter wird von der höheren Verwaltungsbehörde nach Anhörung der Gemeinde festgesetzt, u. zw. für männliche und weibliche, für jugendliche und erwachsene Arbeiter besonders; für Lehrlinge gilt dabei die für jugendliche

Arbeiter getroffene Festsetzung. Dieser Tagelohn beträgt z. B. für Berlin:

für männliche Arbeiter	2,40	Mark
„ weibliche „	1,50	„
„ männliche Lehrlinge über 16 Jahr	1,30	„
„ weibliche „ „ 16 „	1,00	„

Wenn hiernach ein erwachsener, männlicher Arbeiter in Berlin dauernd nicht mehr imstande ist, mindestens 80 Pfg. täglich zu verdienen, so unterliegt er nicht dem Versicherungszwange.

Die Thätigkeit muß sowohl den Kräften, als den Fähigkeiten entsprechend sein. Deshalb wird auch der nicht versichert, dessen Fähigkeiten zwar zu einem Mehrerwerb über diese Sätze hinaus ausreichen, dessen körperliche Beschaffenheit aber einen solchen unmöglich macht oder wenigstens verbietet.

Das Gesetz erläßt weiter auch den Personen die Versicherungspflicht, welche nach ihm selbst eine Invalidenrente beziehen. Invalidenrenten anderer Art, z. B. die Pensionen der Kriegsinvaliden, ebenso sämtliche Altersrenten, gleichviel ob sie auf Grund dieses Gesetzes oder aus anderen Gründen gewährt werden, lassen den gesetzlichen Zwang unberührt.

Ferner werden die Beamten des Reichs und der Bundesstaaten, sowie die mit Pensionsberechtigung angestellten Beamten von Kommunalverbänden ausgenommen: sie alle sind durch die Bestimmungen der Pensionsgesetze ausreichend versorgt. Ebenso werden befreit die dienstlich als Arbeiter beschäftigten Personen des Soldatenstandes. Zu diesen gehören die Büchsenmacher, Regimentsschuster und -schneider, ferner die Burschen, die Abkommandierten zu den Pulvermagazinen, Gewehrfabriken, Handwerkstätten ꝛc. Soldaten, die nur ihrer Militärpflicht genügen, können aber durch außerdienstliche Lohnarbeit, z. B. durch entgeltliche Hülfeleistungen bei der Ernte im sogen. Kartoffelurlaub ꝛc., versicherungspflichtig werden.

Endlich werden auch die Apothekergehülfen und -lehrlinge dem gesetzlichen Zwange enthoben. Unter diese sind nur die in eigentlichen Apotheken Angestellten begriffen, nicht auch die Bediensteten in Droguen- und Parfümeriehandlungen oder in den mit Apotheken verbundenen Mineralwasserfabriken.

Die nach Obigem von der Versicherungspflicht befreiten Personen — mit Ausnahme der bereits erwähnten Soldaten, welche nur ihrer Militärpflicht genügen — werden auch dann, wenn sie unter Beibehaltung ihres Berufs neben diesem sich anderweitigen, an sich versicherungspflichtigen Beschäftigungen hingeben, von dem gesetzlichen Zwange nicht erfaßt. Ihre derartigen Thätigkeiten können stets nur Nebenbeschäftigungen sein. Solche begründen, wie oben des Näheren erörtert, nicht die Versicherungpflicht. Die Sonderstellung der nur ihrer Militärpflicht genügenden Soldaten rechtfertigt sich damit, daß das Militärverhältnis für diese keinen Beruf bildet und sie deshalb außerdienstliche Beschäftigungen in berufsmäßiger Weise ausüben können.

Durch Bundesratsbeschluß dürfen einmal vorübergehend gegen Lohn oder Gehalt beschäftigte Personen, sowie ferner Beamte, welche von andern öffentlichen Verbänden oder Körperschaften als vom Reich, von Bundesstaaten oder Kommunen mit Pensionsberechtigung angestellt sind, von der Versicherungspflicht befreit werden.

Von der ersteren Befugnis hat der Bundesrat in dem Beschluß vom 27. November 1890 Gebrauch gemacht. Der Wortlaut dieser Verordnung ist:

„Vorübergehende Dienstleistungen sind in folgenden Fällen als eine die Versicherungspflicht begründende Beschäftigung nicht anzusehen:

1. wenn sie von solchen Personen, welche berufsmäßig Lohnarbeit überhaupt nicht verrichten,
   a) nur gelegentlich, insbesondere zu gelegentlicher Aushülfe,
   b) zwar in regelmäßiger Wiederkehr, aber nur nebenher und gegen ein geringfügiges Entgelt, welches zum Lebensunterhalt nicht aus-

reicht und zu den Versicherungsbeiträgen nicht in entsprechendem Verhältnis steht,

c) zur Hülfsleistung bei Unglücksfällen oder Verheerungen durch Naturereignisse

verrichtet werden;

2. wenn sie von solchen Berufsarbeiten, die in einem regelmäßigen, die Versicherungspflicht begründenden Arbeits- oder Dienstverhältnis zu einem bestimmten Arbeitgeber stehen, ohne Unterbrechung dieses Verhältnisses bei andern Arbeitgebern nebenher, sei es nur gelegentlich zur Aushülfe, sei es regelmäßig verrichtet werden;
3. wenn sie auf Seeschiffen im Auslande von solchen Personen verrichtet werden, die nicht zur Schiffsbesatzung gehören;
4. wenn sie von Aufwärtern oder Aufwärterinnen und ähnlichen, zu niederen häuslichen Diensten von kurzer Dauer an wechselnden Arbeitsstellen thätigen Personen verrichtet werden;
5. wenn sie in Verpflegungsstationen oder in ähnlichen Einrichtungen gegen eine Geldentschädigung verrichtet werden, welche nicht als Entgelt für die gelieferte Arbeit, sondern als eine Unterstützung zum Zwecke des bessern Fortkommens gewährt wird.“ —

Die Verordnung verstößt — soweit sie nicht von den nur gelegentlich, insbesondere zur gelegentlichen Aushülfe verrichteten Arbeiten (1a); den Hülfsleistungen bei Unglücksfällen oder Verheerungen durch Naturereignisse (1c), sowie den Dienstleistungen von Personen, die nicht zur Schiffsbesatzung gehören, auf Seeschiffen im Auslande (3) handelt — gegen den Sinn der gesetzlichen Bestimmung, auf welche sie fußt. Diese gestattet, „vorübergehende“ Beschäftigungen von den versicherungsbegründenden auszunehmen. Dem liegt der Gedanke zu Grunde, daß es unbillig ist, Personen, die nur ausnahmsweise Lohnarbeit verrichten und deshalb auf die Erlangung der gesetzlichen

Vorteile nur geringe Aussicht haben, zu der Beitragslast heranzuziehen. Hiernach sind im Gesetze unter „vorübergehenden" Dienstleistungen solche verstanden, die nur ausnahmsweise — im Gegensatz zu gewerbsmäßig — vorgenommen werden. Dem entspricht auch die bereits oben gegebene Begriffsbestimmung der vorübergehenden Dienstleistung.

Ganz offenbar verkennt der Bundesrat Sinn und Tragweite des Ausdrucks: „vorübergehende Dienstleistungen" in der gesetzlichen Bestimmung, auf die er seine Verordnung gründet. Daraus, daß er von vorübergehenden Dienstleistungen spricht, die „in regelmäßiger Wiederkehr geschehen, bezw. regelmäßig verrichtet werden" (vgl. die Punkte 1b und 2), folgt, daß er unter diesen Beschäftigungen nicht solche versteht, deren Vornahme nur ausnahmsweise geschieht, weil andernfalls seine Verordnung einen Widerspruch in sich enthielte.

Um der Verordnung überhaupt einen Sinn zu geben, bleibt nur übrig, eine Verwechselung der vorübergehenden Dienstleistungen mit den unständigen anzunehmen, deren Begriff bereits oben festgestellt wurde. Gestützt wird diese Annahme insbesondere durch die Bestimmung unter Nr. 4 der Verordnung. Hier werden Aufwärter, Aufwärterinnen 2c. von der Versicherungspflicht befreit, soweit sich ihre berufsmäßigen Verrichtungen als vorübergehende darstellen. Letzteres kann wofern der Ausdruck vorübergehend im gegenteiligen Sinne von gewerbsmäßig verstanden wird, niemals der Fall sein, weil die unter den Lebensberuf dieser Personen fallenden Dienstleistungen als dauernde Einkommensquelle gewollt sind. Deshalb kann nur gemeint sein: dergleichen Personen sollen dem Versicherungszwange nicht unterliegen, wenn ihre Verrichtungen nicht auf Grund eines festen Lohn- oder Arbeitsverhältnisses geschehen, wobei dann allerdings ihre Thätigkeit als solche sich aus einer Reihe an sich vorübergehender Akte zusammensetzt. Dies ist aber nicht eine vorübergehende, sondern eine unständige Thätigkeit im Sinne dieses Gesetzes.

Unständige Beschäftigungen von den versicherungsbegründenden auszunehmen, hat das Gesetz dem Bundesrat eine Befugnis nicht verliehen. Derselbe überschreitet deshalb in dieser Bestimmung die ihm vom Gesetzgeber errichteten Schranken; er befreit nicht vorübergehend, sondern gewerbsmäßig, wenn auch unständig thätige Lohnarbeiter von der Versicherungspflicht. Verordnungen, welche sich nicht innerhalb der gesetzlichen Schranken bewegen, sind nach staatsrechtlichen Grundsätzen nichtig. Demgemäß ist auch die Befreiung der Aufwärter, Aufwärterinnen 2c. von der Versicherungspflicht ohne rechtsverbindliche Kraft.

Formell nichtig ist die Bestimmung unter 1 b und 2 der Verordnung, indem dort Nebenbeschäftigungen, die in regelmäßiger Wiederkehr geschehen, für nicht versicherungsbegründend erklärt und somit gewerbsmäßige Lohnarbeiter dem Versicherungszwange entzogen werden. Inhaltlich trifft sie allerdings zu: denn Nebenbeschäftigungen begründen die gesetzliche Pflicht in keinem Falle.

Ueberflüssig ist die Bestimmung zu Nr. 5 der Verordnung: daß Nichtlohnempfänger der Versicherung enthoben sind, bedurfte nicht erst der Hervorhebung.

Die Vorschrift unter Nr. 3 der Verordnung steht ebenfalls nur mittelbar auf dem gesetzlichen Boden. Die dort gemeinten Verrichtungen können sehr wohl gewerbsmäßige sein. Die Bestimmung läßt sich aber unter dem Gesichtspunkte aufrecht erhalten, daß nicht zur Schiffsbesatzung gehörige Personen, die im Auslande auf deutschen Seefahrzeugen Dienstleistungen von kurzer Dauer verrichten, eine den vorübergehend Beschäftigten entsprechende Stellung haben: auch für sie trifft die Erwägung zu, daß sie niemals in die Lage kommen, die Früchte ihrer nur hie und da erfolgten Heranziehung zu den gesetzlichen Lasten zu ernten.

Unmittelbar auf dem Boden der gesetzlichen Vorschrift steht die Verordnung allein in den Punkten 1 a und 1 c. Hier werden Personen, welche berufsmäßig Lohnarbeit überhaupt nicht verrichten, von der Versicherungspflicht befreit, wenn sie ausnahmsweise bei vorübergehenden Anlässen irgend welcher Art, bezw. gelegentlich, eine an sich versicherungsbegründende Thätigkeit ausüben. Hervorzuheben ist aber, daß mit dem Ausdruck „berufsmäßig“ zugleich die Vorstellung der gewerbsmäßigen Ausübung verbunden ist. Denn eine Thätigkeit, die in dem oben erörterten Sinn überhaupt nicht berufsmäßig ist, begründet schon an sich nicht den Versicherungszwang.

In der Verordnung wird ferner bestimmt:

„Die Regierungen der einzelnen Bundesstaaten sind ermächtigt, mit Zustimmung des Reichskanzlers widerruflich anzuordnen, daß und inwieweit vorübergehende Dienstleistungen solcher Ausländer, denen der Aufenthalt in inländischen Grenzbezirken auf fest bestimmte kurze Zeit behufs Ausführung vorübergehender Arbeiten behördlich gestattet ist, sowie vorübergehend im Inlande stattfindende Dienstleistungen solcher Ausländer, welche übungsgemäß in Flößereibetrieben beschäftigt werden, als eine die Versicherungspflicht begründende Beschäftigung nicht anzusehen sind“.

Diese Bestimmung rechtfertigt sich aus demselben Gesichtspunkte wie die Vorschrift unter Nr. 3 im ersten Teile der Verordnung.

II. Das Gesetz hat auch den weiteren Grundsatz, wonach nur Lohnempfänger von dem Versicherungszwange ergriffen werden, durchbrochen.

Es unterwirft zwar nicht selbst, erteilt aber dem Bundesrat die Befugnis, zum Teil auch solche Personen, die nicht Lohn empfangen, durch Beschluß dem Versicherungszwange zu unterstellen.

Dies sind:

1. Betriebsunternehmer, welche nicht regelmäßig wenigstens einen Lohnarbeiter beschäftigen,

2. Hausgewerbetreibende, d. h. selbständige Unternehmer, welche in eigenen Betriebsstätten im Auftrage und für Rechnung anderer Gewerbetreibender mit der Herstellung

oder Bearbeitung gewerblicher Erzeugnisse beschäftigt werden. Auf letztere soll die Ausdehnung der Versicherungspflicht auch dann stattfinden dürfen, wenn sie die Roh- und Hülfsstoffe selbst beschaffen, wenn sie regelmäßig auch mehrere Lohnarbeiter beschäftigen und wenn sie zeitweise auf eigene Rechnung arbeiten.*) Bezüglich der selbstständigen kleinen Unternehmer rechtfertigt sich die Ausdehnung der Versicherungspflicht damit, daß solche Personen mit Rücksicht auf die Fährnisse des Konkurrenzkampfs und bei der weitverbreiteten Sucht, sich möglichst frühzeitig zu etablieren, in hohem Maße der Gefahr ausgesetzt sind, nach Zeiten der Selbständigkeit unter die Lohnarbeiter zurückgestoßen zu werden. Hierbei kann es dann leicht für sie zu spät sein, den Anspruch auf die Vorteile des Gesetzes zu erlangen.

Auf Unternehmer, welche regelmäßig auch nur einen Lohnarbeiter halten, darf die Versicherungspflicht durch den Bundesrat nicht erstreckt werden, wohl aber auf solche, welche nur vorübergehend Lohnarbeiter — wenn auch mehrere — beschäftigen. Dabei gelten Lehrlinge nicht als Lohnarbeiter.

Der Ausdehnung der Versicherungspflicht auf Hausgewerbetreibende liegt die Erwägung zu Grunde, daß diese wirtschaftlich von dem Unternehmer, für den sie arbeiten, nicht minder abhängig sind, als die Lohnarbeiter desselben, da ihr Betrieb mit dem des Letzteren steht und fällt.

Mit den Hausindustriellen sind Gesellen, bezw. Gehülfen, welche außerhalb der Betriebsstätten beschäftigt werden, nicht zu verwechseln. Das Reichsversicherungsamt stellt folgende Unterscheidungsmerkmale auf: „Der Hausgewerbetreibende setzt die hergestellten oder bearbeiteten Erzeugnisse in der Regel nicht unmittelbar an die Konsumenten ab, sondern liefert dieselben an andere Gewerbetreibende, welche

*) Anm.: Der Bundesrat hat bisher von der Befugnis der Ausdehnung des Versicherungszwanges auf die kleinen Unternehmer und Hausgewerbetreibenden keinen Gebrauch gemacht.

ihrerseits aus dem Absatz der von den Hausgewerbetreibenden angefertigten Produkte einen Unternehmergewinn erzielen."

„Es wird hiernach weder ein Schneidergeselle, der wegen Mangels an Raum in der Werkstätte des Schneidermeisters oder aus andern Gründen seine Näharbeit zu Hause verrichtet, (noch auch ein Schneider oder Schuhmacher, welcher für beliebige Kunden Waaren anfertigt,) als Hausgewerbetreibender gelten können. Vielmehr werden der Erstere als Lohnarbeiter, (die Letzteren als selbständige Unternehmer) anzusehen sein. Die Frage, ob Personen, welche im Auftrage und für Rechnung anderer Gewerbetreibenden in eigenen Betriebsstätten gewerbliche Erzeugnisse herstellen oder bearbeiten, Hausgewerbetreibende oder unselbständige Lohnarbeiter sind, wird nur nach den besonderen Verhältnissen des Einzelfalls zu entscheiden sein." —

Die Auseinandersetzung läßt ein Prinzip nicht erkennen.

Die gesuchte Unterscheidung ergiebt sich von selbst, wenn man den Begriff des Lohns zum Ausgangspunkt nimmt. Der Geselle, welcher außerhalb der Betriebsstätte arbeitet, erhält Lohn. Der Hausgewerbetreibende nicht: denn er stellt nicht seine Arbeitskraft als solche in den Dienst des Unternehmers, sondern liefert diesem nur bestimmte Arbeitsprodukte, deren Herstellung die bedungene Vertragsleistung bildet. —

Zu erwähnen ist noch, daß das Gesetz unter Umständen die Versicherungspflichtigen auf ihren Antrag von dem gesetzlichen Zwange befreit.*) Antragsberechtigt sind:

1. Solche Personen, welche vom Reich, von einem Bundesstaate oder einem Kommunalverbande Pensionen oder Wartegelder wenigstens im Mindestbetrage der Invalidenrente beziehen.

---

*) Anm.: Ueber den Antrag entscheidet die untere Verwaltungsbehörde (in Preußen der Landrat oder in Städten über 10 000 Einw. der Magistrat). Gegen den Bescheid derselben ist Beschwerde an die zunächst vorgesetzte Behörde zulässig, welche endgültig entscheidet.

Dieser Mindestbetrag beläuft sich — wie unten rechnerisch darzulegen — auf 114 Mark 70 Pf. Pensionen und Wartegelder aus andern Quellen — z. B. von einer Aktiengesellschaft — begründen das Antragsrecht nicht.

2. Solche Personen, welchen auf Grund der reichsgesetzlichen Bestimmungen über die Unfallversicherung der Bezug einer jährlichen Rente im Mindestbetrag der Invalidenrente zusteht.

Der Rentenbezug muß in der Reichsgesetzgebung, betreffend die Unfallversicherung, seinen Rechtsgrund haben. Renten, welche auf Grund allgemeiner Vorschriften entrichtet werden, oder die aus einem vertragsmäßigen Titel fließen, erzeugen für den Empfänger das Befreiungsrecht nicht. Ebensowenig entsteht dasselbe, wenn auf Grund des Unfallversicherungsgesetzes eine einmalige Kapitalabfindung stattgefunden hat.

§ 2.

Recht zur Versicherung.

Die notwendige Ergänzung des Versicherungszwanges bildet das Recht zur Versicherung. Dasselbe hat zum Inhalt einen unmittelbar auf das Gesetz gegründeten Anspruch darauf, zur Versicherung zugelassen zu werden. Es gebührt einmal allen Personen, auf welche der Versicherungszwang sich erstreckt — und insofern deckt es sich seinem Umfange nach mit diesem; sodann aber greift es über die Grenzen der Zwangsversicherung hinaus, indem gewissen, nicht versicherungspflichtigen Personen der freiwillige Beitritt zur Versicherung gestattet wird.

Zunächst ist den kleinen Unternehmern und den Hausgewerbetreibenden, auf welche durch Beschluß des Bundesrats der Versicherungszwang erstreckt werden kann, solange Letzteres noch nicht geschehen, die Befugnis zur freiwilligen Selbstversicherung verliehen. Dieselbe setzt voraus, daß die genannten Personen das vierzigste Lebensjahr noch nicht vollendet haben und nicht in dem Maße invalide sind, daß auch der Zwang des Gesetzes, im Falle der Ausdehnung desselben durch Bundesratsbeschluß, auf sie keine Anwendung fände.*)

Anderen Personen, als den hier genannten steht das Recht der Selbstversicherung in keinem Falle zu.

Das Gesetz gestattet ferner allen denen, welche aus einem Versicherungsverhältnis ausscheiden, dieses im Wege der freiwilligen Fortsetzung oder Erneuerung zu erhalten bezw. wiederherzustellen. Das Nähere hierüber wird an anderen Stellen zur Erörterung gelangen.

Daß das Recht zur Versicherung auch den Personen zusteht, welche dem Versicherungszwange unterliegen, ist zwar im Gesetze nicht ausdrücklich hervorgehoben, folgt aber aus allgemeinen Rechtsgrundsätzen von selbst: denn jeder Pflicht steht ein Recht gegenüber. Die mit der Ausführung des Gesetzes betrauten Organe der Bundesstaaten haben dies nicht immer beobachtet und sind deshalb, wie der Verlauf der Darstellung zeigen wird, zu schwerwiegenden Mißgriffen gelangt. —

Zur Durchführung der Versicherung mußten Versicherungsträger geschaffen werden, d. h. Anstalten, durch welche die Invaliditäts- und Altersversicherung erfolgt: Versicherungsanstalten. Nach dem Gesetze werden solche durch Bestimmung der Landesbehörden für die weiteren Kommunalverbände oder die einzelnen Bundesstaaten errichtet. Auch kann für mehrere Bundesstaaten oder Gebietsteile derselben, sowie für mehrere weitere Kommunal-Verbände eines Bundesstaats eine gemeinsame Versicherungsanstalt gebildet werden. Die Errichtung bedarf der Genehmigung des Bundesrats. Bei Nichtgenehmigung kann dieser nach Anhörung der beteiligten Landesregierungen aus eigner Machtvollkommenheit die Errichtung anordnen. Der Sitz der Versicherungsanstalt wird durch die Landesregierung, für Versicherungsanstalten,

*) Vergleiche Seite 14, 15.

die sich über Gebietsteile mehrerer Bundesstaaten erstrecken, bei Uneinigkeit der Letzteren, durch den Bundesrat bestimmt. Mit Zustimmung desselben können die Anstaltsbezirke auf Antrag verändert werden. Geringfügige Verlegungen der territorialen Grenzen von Bundesstaaten oder Kommunalverbänden ziehen eine entsprechende Grenzveränderung der Anstaltsbezirke ohne weiteres nach sich.

Die Versicherungsanstalten sind Korporationen, welche unter ihrem Namen Rechte erwerben und Verbindlichkeiten eingehen, vor Gericht klagen und verklagt werden können.

Zur Versicherung der dem Gesetzeszwange unterworfenen und der zur freiwilligen Versicherung befugten Personen sind allein die örtlich zuständigen Anstalten berechtigt und verpflichtet. Oertlich zuständig ist eine Anstalt nur für diejenigen Personen, deren Beschäftigungsort in ihrem Bezirke belegen ist. Als solcher gilt, soweit die Thätigkeit in einem inländischen Betriebe stattfindet, der Sitz, d. h. der wirtschaftliche Mittelpunkt dieses Betriebes. Entsendet z. B. ein Berliner Dekorateur Arbeiter zur Ausführung einer Bestellung nach Königsberg, so ist die Versicherungsanstalt für den Stadtkreis Berlin, nicht die ostpreußische zuständig. Werden die Arbeiter erst in Königsberg gedungen, so gilt dasselbe, weil der wirtschaftliche Mittelpunkt des Unternehmens sich hierdurch nicht verschiebt. Betriebssitze sind auch selbstständige Zweigniederlassungen, nicht aber von einer Zentralstelle aus geleitete Filialen; für die bei Letzteren Angestellten ist die Versicherungsanstalt des Hauptgeschäfts zuständig. Ist ein fester Betriebssitz nicht vorhanden, wie regelmäßig bei Wanderlagern, Hausiergewerben, Schaubuden 2c., so entscheidet für die örtliche Zuständigkeit der jeweilige Stand des Betriebes. Liegt der Betriebssitz im Auslande, oder ist ein solcher überhaupt nicht vorhanden, so ist maßgebend der Ort, wo die Beschäftigung thatsächlich geschieht. Liegt auch dieser im Auslande, so findet eine Versicherung überhaupt nicht statt. Seeleute, d. h. Personen der Schiffsbesatzung deutscher Seefahrzeuge, sind bei der Versicherungsanstalt zu versichern, in deren Bezirk sich der Heimatshafen ihres Schiffes befindet. Für Personen, welche sich *freiwillig selbst versichern*, bestimmt, wie für die versicherungspflichtigen Personen, der *Beschäftigungsort*, für diejenigen, welche die Versicherung freiwilltg *fortsetzen oder erneuern*, der *Aufenthaltsort* die Zuständigkeit der Versicherungsanstalt. —

Innerhalb der einzelnen Versicherungsanstalten werden vier besondere Lohnklassen gebildet, in welche die Versicherten nach Maßgabe ihres Jahresarbeitsverdienstes eingereiht werden:

Klasse I bis zu 350 Mark einschließlich
„ II von mehr als 350 Mark bis 550 Mark
„ III „ „ „ 550 „ „ 850 „
„ IV „ „ „ 850 „

Die Einreihung erfolgt — mit geringen Ausnahmen — nicht nach dem thatsächlichen Arbeitsverdienst der Versicherten, sondern nach bestimmten *Durchschnittslöhnen*. Dies ist auf das schärfste hervorzuheben, weil es nach den bisherigen Erfahrungen seitens der Interessenten nicht immer die genügende Beachtung gefunden hat.

Der Individuallohn findet eine ausschließliche Berücksichtigung nur bei den *land- und forstwirtschaftlichen Betriebsbeamten*. Hier gilt als Jahresarbeitsverdienst, soweit sich Letzterer nicht aus mindestens wochenweise fixierten Beträgen zusammensetzt, das Dreihundertfache des durchschnittlichen Tagesverdienstes an Lohn oder Gehalt. Dabei werden Naturalbezüge nach Durchschnittspreisen, welche die untere Verwaltungsbehörde bestimmt, in Ansatz gebracht.

Im übrigen gilt grundsätzlich als Jahresarbeitsverdienst der dreihundertfache Betrag des ortsüblichen Tagelohns gewöhnlicher Tagearbeiter, von dessen Festsetzung bereits die Rede war.*)

Dieser Grundsatz ist von zahlreichen Ausnahmen durchbrochen.

---

*) Vergleiche Seite 14, 15.

1. Für Bedienstete in der Land- und Forstwirtschaft, ausschließlich der Betriebsbeamten, gilt, soweit nicht Ziffer 4 Platz greift, als durchschnittlicher Jahresarbeitsverdienst der von der höheren Verwaltungsbehörde unter Einrechnung des Werts etwaiger Naturalbezüge festzusetzende Durchschnittslohn.

Dieser beträgt z. B. für den Stadtkreis Berlin nach der Verordnung des Oberpräsidenten vom 1. September 1890:

a) für erwachsene, (d. h. mehr als 16 Jahr alte), männliche Arbeiter	720	Mark
b) für erwachsene weibliche Arbeiter . . .	450	"
c) für männliche Lehrlinge über 16 Jahr .	390	"
d) für weibliche Lehrlinge über 16 Jahr . .	300	"

Hiernach gehören die Personen unter a in Lohnklasse III, die unter b in Lohnklasse II 2c.

2. Der erwähnte Grundsatz findet ferner keine Anwendung auf Personen, welche auf Grund des Gesetzes, betreffend die Unfallversicherung der Seeleute und anderer bei der Seeschiffahrt beteiligten Personen, vom 13. Juli 1887 versichert sind.

Für diese ist der vom Reichskanzler, bezw. der höheren Verwaltungsbehörde für die Unfallversicherung festgesetzte Durchschnittslohn auch hier maßgebend.

3. Für Mitglieder einer Knappschaftskasse gilt als Jahresarbeitsverdienst der dreihundertfache Betrag des von dem Kassenvorstande festzusetzenden durchschnittlichen Tagesarbeitsverdienstes derjenigen Klasse von Arbeitern, welcher der Versicherte angehört. Ist dieses Einkommen geringer, als der dreihundertfache Betrag des ortsüblichen Tagelohns, so ist Letzterer zu Grunde zu legen.

4. Bei Mitgliedern einer Orts-, Betriebs-, (Fabrik-) Bau- oder Innungskrankenkasse wird als Jahresarbeitsverdienst der dreihundertfache Betrag des für ihre Krankenkassenbeiträge maßgebenden Tagelohns angesehen. Eine Berücksichtigung des Individuallohnes kann hierbei insoweit erfolgen, als nach Bestimmung des Krankenkassen-Statuts die Beiträge zur Krankenversicherung in

Prozenten des wirklichen Arbeitsverdienstes festgesetzt werden dürfen, vorausgesetzt daß Letzterer 4 Mark für den Tag nicht übersteigt.

Das Zweckmäßige dieser Bestimmungen liegt darin, daß es an der Hand derselben im gegebenen Falle leicht festzustellen ist, zu welcher Lohnklasse eine Person gehört. Da aber die Lohnklassen — wie unten zu zeigen — für die Höhe der Beiträge und Renten in erster Linie maßgebend sind, so liegen in diesen Bestimmungen auch nicht zu verkennende Härten.

Der an sich glückliche Gedanke der Aufstellung von Durchschnittslöhnen hätte in konsequenter Anlehnung an die thatsächlichen Lohnverhältnisse zur Durchführung kommen müssen. Diese Anlehnung ist aber nur insoweit erfolgt, als sich die Durchschnittssätze an die Kranken- und Unfallversicherungsgesetze anschließen, sowie bei den in land- und forstwirtschaftlichen Betrieben angestellten Personen.

Alle übrigen Versicherten werden dem allgemeinen Grundsatz unterworfen, nach welchem der ortsübliche Tagelohn gewöhnlicher Tagearbeiter maßgebend ist.

Hiernach werden gerade die höchst besoldeten Personen, wie Handlungsgehülfen, Betriebsbeamte rc., soweit sie nicht zur Krankenversicherung zugelassen, bezw. in land- oder forstwirtschaftlichen Betrieben bedienstet sind, den gewöhnlichen Tagearbeitern gleichgestellt, so daß sie mit Dienstboten, Straßenfegern rc. zu gleichen Rechten stehen.

Gegen diese Unbilligkeiten enthält das Gesetz selbst ein Heilmittel in der Bestimmung, daß, sofern Arbeitgeber und -nehmer darüber einverstanden sind, höhere Lohnbeträge zu Grunde gelegt werden können.

Dagegen ist eine Minderversicherung bei Strafe für die Arbeitgeber, bezw. deren Angestellte, welche eine solche mit den Versicherten vereinbaren, und bei Nichtigkeit dieses Abkommens verboten.

Bezüglich der zur Selbstversicherung, zur freiwilligen Fortsetzung und freiwilligen Erneuerung befugten Personen gilt die besondere Bestimmung, daß diese nur in Lohnklasse II Versicherung nehmen dürfen. —

Innerhalb der einzelnen Lohnklassen gestattet das Gesetz die Bildung besonderer Gefahrenklassen nach Berufszweigen und die Abstufung der Beitragshöhe nach diesen. Dabei wird eine Berücksichtigung nur solcher Gefahren stattfinden dürfen, für welche nicht bereits die Unfallversicherung Fürsorge trifft. Der Zulassung von Gefahrenklassen liegt der Gedanke zu Grunde, daß zahlreiche Berufe mit spezifischen Berufskrankheiten: Quecksilbervergiftung, Lungenschwindsucht ꝛc. bedroht sind und demgemäß gegenüber den anderen eine Mehrbelastung der Versicherversicherungsträger herbeiführen. Invaliditätsgefahren, die zwar auch einzelnen Berufen eigentümlich sind, für welche aber bereits durch die Unfallversicherung gesorgt ist, führen eine solche Mehrbelastung, wie unten zu zeigen, nicht herbei. Deshalb wäre es unbillig, die aus der Einrichtung von Gefahrenklassen folgende Beitragserhöhung auch da eintreten zu lassen, wo eine außergewöhnliche Inanspruchnahme der Invaliditätsversicherung nicht zu befürchten ist. —

Das Recht zur Versicherung ist somit nach Vorstehendem ein unmittelbar auf das Gesetz gegründeter Anspruch auf Zulassung zur Versicherung bei einer örtlich zuständigen Versicherungsanstalt, in einer bestimmten Lohn- und Gefahrenklasse. —

Es sei noch erwähnt, daß mit Genehmigung des Bundesrats besondere Kasseneinrichtungen, die für Betriebe des Reichs, der Bundesstaaten oder eines Kommunalverbandes bestehen oder errichtet werden, als Parallelorganisation an die Stelle der Versicherungsanstalten treten dürfen. Verstanden sind hierunter insbesondere die großen Pensionskassen der Reichs- und Staatseisenbahn-Verwaltungen ꝛc.

Die Zulassung geschieht auf Antrag der zuständigen Reichs-, Staats-, oder Kommunalbehörden.

Ueberdies können noch andere Kasseneinrichtungen, welche die Fürsorge für den Fall der Invalidität oder des

Alters in ihren Geschäftskreis ziehen: Fabrik-, Knappschafts-, Seemannskassen rc. auf Antrag durch Bundesratsbeschluß der Gesamtorganisation eingefügt werden.

Vorausgesetzt ist in jedem Falle insbesondere, daß den Beteiligten eine den reichsgesetzlich vorgesehenen Leistungen gleichwertige Fürsorge gesichert ist.

Durch Beteiligung an einer solcher Kassen geschieht der gesetzlichen Versicherungspflicht Genüge.

Abschnitt II.

Das Recht aus der Versicherung.

§ 3.

Voraussetzungen desselben.

Von dem vorstehend behandelten Recht *zur* Versicherung ist das Recht *aus* der Versicherung zu unterscheiden. Dieses hat drei einander ausschließende Bezüge zum Gegenstand: die *Invalidenrente*, die *Altersrente* und die *Erstattung von Beiträgen*. Es entsteht für eine Person nicht schon durch die Zugehörigkeit zu einer der versicherungspflichtigen Gruppen, sondern muß durch Erfüllung gewisser im Gesetz aufgestellter Bedingungen erworben werden. Letztere sind teils (A) für die genannten Ansprüche gemeinsam, teils (B) nach denselben verschieden.

A. Die *gemeinsame Voraussetzung* ist die Leistung von Beiträgen eine gewisse Zeit (*Wartezeit*) hindurch. Letztere wird nach *Beitragsjahren* berechnet, welche ihrerseits nicht mit den Kalenderjahren zusammenfallen, sondern aus je 47 *Beitragswochen* bestehen; dies sind Arbeitswochen, deren Anfangstag der Montag ist. Dieselben bilden die Bemessungsgrundlage für die Beitragshöhe, welche von den einzelnen Versicherungsanstalten im Wege des **Kapitaldeckungsverfahrens nach Perioden** im voraus auf bestimmte Zeiträume festgesetzt wird.*)

Die erste Beitragsperiode beträgt 10, die weiteren je 5 Jahre. Für die einzelnen Versicherungsanstalten kann die Beitragshöhe eine verschiedene, nach Lohn- und Gefahrenklassen abgestufte sein.

Die erstmalige Festsetzung der Beiträge ist durch das Gesetz selbst unter Beiseitelassung der Gefahrenklassen für alle Versicherungsanstalten gleichmäßig erfolgt. Jedoch steht den Letzteren auch für die erste Periode das Recht zu, die gesetzliche Bemessung zu ändern, und insbesondere eine Abstufung derselben nach Gefahrenklassen eintreten zu lassen.

---

*) Anmerkung: Nach dieser Berechnungsart hat unter Berücksichtigung gewisser unten zu erörternder Ausfälle die Bemessung der Beiträge in der Weise zu geschehen, daß einmal der Kapitalwert der von den Versicherungsanstalten aufzubringenden Renten, welche in dem laufenden Zeitraum voraussichtlich zur Bewilligung gelangen, sodann die Verwaltungskosten, die Rücklagen zur Bildung eines Reservefonds, sowie die durch Erstattung von Beiträgen voraussichtlich entstehenden Aufwendungen gedeckt werden. „Bei Berechnung des Kapitalwerts von Renten wird nicht etwa ein Kapital berechnet, dessen Zinsen die Renten decken, sondern ein Kapital, welches selbst mit seinen Zinsen zur Deckung der einzelnen Raten der Rente verwendet wird und grundsätzlich aufgezehrt sein soll, sobald die Zahlung der betreffenden Rente (durch Tod des Empfängers rc.) fortfällt." (Woedtke Anm. 2 zu § 20 des Gesetzes.)

Das Gesetz hat hiermit einen Mittelweg eingeschlagen zwischen dem Prämienverfahren, welches der Entwurf in Aussicht nahm, und dem Umlageverfahren, welches von einem Teile des Reichstags in Vorschlag gebracht wurde. Nach jenem bilden die Grundlage für die Bemessung der Beitragshöhe alle von der Versicherungsanstalt überhaupt jemals zu zahlenden Renten. Dies führt einerseits den an sich wünschenswerten Erfolg einer stets gleich bleibenden Beitragshöhe, andrerseits aber eine Belastung der Gegenwart zu Gunsten der Zukunft, eine übergroße Kapitalansammlung und einen dem entsprechenden Zinsverlust herbei. Es erfahren ferner, da nach diesem System jeder Versicherte nach versicherungstechnischen Grundsätzen seine eigene Rente zu decken hat, die Renten durch jede Unterbrechung der Beitragszahlung eine entsprechende Kürzung.

Bei dem Umlageverfahren bilden die Bemessungsgrundlage die Summen, welche die Versicherungsanstalt für das laufende

Nach dem Gesetz sind zu erheben:

in Lohnklasse	I	wöchentlich	14	Pfennig
" "	II	"	20	"
" "	III	"	24	"
" "	IV	"	30	"

Die Entrichtung der Beiträge begründet zunächst nur eine Anwartschaft, d. h. eine Aussicht, die gesetzlichen Vorteile zu erlangen, ein werdendes Recht aus der Versicherung, welches erst durch Vollendung der Wartezeit und nach Eintritt anderer, unter B. als „besondere Voraussetzungen" zu besprechenden Momente zum vollendeten Recht aus der Versicherung erstarkt. Zur Erhaltung dieser Aussicht ist eine regelmäßige Beitragsleistung nicht erforderlich. Es ist weder notwendig, daß für jede Kalenderwoche des Jahres ein Beitrag geleistet wird, noch brauchen die 47 Wochen, welche das Beitragsjahr bilden, in dasselbe Kalenderjahr zu fallen; vielmehr werden je 47 Beitragswochen zu einem Beitragsjahr zusammengefaßt, auch wenn sie sich auf mehrere Kalenderjahre verteilen. Nur bei Nichtentrichtung von mindestens 47 Beiträgen innerhalb 4 auf einander folgender Kalenderjahre tritt das Erlöschen der Anwartschaft ein. Es wird alsdann so angesehen, als ob Beiträge überhaupt nie geleistet worden wären. Diese Bestimmung wird aber nur ausnahmsweise praktisch werden. Der gewerbsmäßig thätige Lohnarbeiter wird während des gedachten Zeitraums bei weitem mehr als 47 Beiträge aufbringen.

Rechnungsjahr voraussichtlich aufzubringen hat. Hierbei sind die Beiträge zunächst sehr niedrig, sodann aber erleiden sie — bis zum Eintritt des Beharrungszustandes — eine rapide Steigerung. Hier muß die Zukunft mit ihren Beiträgen die Schulden der Vergangenheit decken. Das Kapitaldeckungsverfahren sucht die Nachteile beider Systeme thunlichst zu vermeiden. Es erfordert weder eine Kürzung der Renten, da es von einer regelmäßigen Beitragsentrichtung absieht, noch eine übermäßige Kapitalsanhäufung, weil es nur die zur Deckung der Bedürfnisse kürzerer Zeiträume erforderlichen Gelder aufsammelt. Eine Steigerung der Beitragssätze findet bis zum Beharrungszustande allerdings auch hier statt, indem die Gegenwart zu den Lasten der Zukunft in angemessener Weise herangezogen wird. Jedoch erhöhen sich die Beiträge langsam und in absteigendem Verhältnis.

Um indessen die Erhaltung der Anwartschaft in jedem Falle zu ermöglichen, enthält das Gesetz noch zwei besondere Bestimmungen:

Zunächst durchbricht es für die Fälle der **Krankheit** und **militärischer Dienstleistungen** den Grundsatz, daß nur die wirkliche Entrichtung von Beiträgen den Fortbestand der Anwartschaft sichert, indem es die Dauer solcher Ausnahmefälle unter bestimmten Voraussetzungen als Beitragszeit in Lohnklasse II zur Anrechnung bringt.

Notwendig ist in beiden Fällen, daß vor Eintritt derselben die Versicherten nicht blos vorübergehend in einer versicherungspflichtigen Beschäftigung gestanden haben. **Krankheiten** werden zudem nur dann in Anrechnung gebracht, wenn sie mit einer Erwerbsunfähigkeit*) von mindestens sieben auf einander folgenden Tagen**) bis längstens zu einem ununterbrochenen Jahre***) verbunden gewesen sind, und wenn der Versicherte sich dieselben nicht bei Begehung eines durch strafgerichtliches Urteil festgestellten Verbrechens†,) durch schuldhafte Beteiligung bei Schlägereien oder Raufhändeln, durch Trunkfälligkeit oder geschlechtliche Ausschweifungen zugezogen hat.

Militärdienste kommen ohne Rücksicht auf ihre Dauer in **Friedenszeiten**, nur wenn sie zur Erfüllung der Wehrpflicht, in **Kriegs- und Mobilmachungsfällen**, auch wenn sie freiwillig geleistet werden, in Anrechnung. Den auf die Dauer des Militärdienstes entfallenden Anteil der Rente übernimmt das Reich. —

Der zweite Fall der Sicherung der Anwartschaft betrifft die bereits erwähnte **freiwillige Fortsetzung der Versicherung**. Personen, die aus einer die Versicherung

---

*) Ueber den Begriff der Erwerbsunfähigkeit, vergl. Seite 50.

**) Bei kürzerer Dauer ist die Möglichkeit zur Entrichtung eines Beitrages gegeben.

***) Bei längerer Dauer tritt der Bezug der Invalidenrente ein.

†) Vergl. R. Str. G. B. § 1.

begründenden Stellung ausscheiden, sind befugt, das Versicherungsverhältnis durch freiwillige Beitragszahlung fortzusetzen. —

Obschon das Gesetz in der dargethanen Weise für Vermeidung des Erlöschens der Antwartschaft gesorgt hat, läßt es diese auch wenn sie erloschen, im Wege der Erneuerung des Versicherungsverhältnisses durch Wiedereintritt in eine versicherungsbegründende Beschäftigung oder durch freiwillige Beitragsleistung wieder zur Entstehung gelangen. Die Anwartschaft lebt wieder auf, sobald danach eine Wartezeit von fünf Beitragsjahren zurückgelegt ist.

Obige Grundsätze gelten im allgemeinen auch für die Selbstversicherung, nur daß den Personen, welche von dieser Gebrauch machen, Krankheiten und militärische Dienstleistungen in keinem Fall angerechnet werden, und daß von einer freiwilligen Fortsetzung der Selbstversicherung füglich nicht die Rede sein kann. Für sie wird ausdrücklich bestimmt, was bei der Zwangsversicherung selbstverständlich ist, daß mehr als 52 Beiträge für das Jahr wirksam nicht geleistet werden können.

Bei den in besonderen Kasseneinrichtungen versicherten Personen ist auf die Wartezeit die bei Versicherungsanstalten etwa zurückgelegte Beitragszeit, unbeschadet der Vorschriften über das Erlöschen der Anwartschaft, in Anrechnung zu bringen, soweit es sich um das Maß des reichsgesetzlichen Anspruchs handelt. —

Die Zahlung der Beiträge erfolgt nach dem sogenannten Markensystem, das heißt durch Einkleben von Marken in Quittungskarten.

Die Marken werden von den Versicherungsanstalten ausgegeben. Sie sind für die einzelnen Anstalten und Lohnklassen verschieden nach Aufdruck und Farbe. Sie tragen die Bezeichnung der Lohnklasse in römischen, den Nennwert in arabischen Ziffern, den Namen der ausgebenden Versicherungsanstalt und den Reichsadler.

Zu verwenden sind die Marken der örtlich zuständigen Versicherungsanstalt. Dieselben sind bei den Postanstalten oder sonstigen von den Versicherungsanstalten zu errichtenden Verkaufsstellen zum aufgedruckten Nennwerte käuflich zu haben.

Wissentliche Verwendung unvorschriftsmäßiger Marken, fälschliche Anfertigung oder Verfälschung von Marken werden bestraft. —

Einige Besonderheiten gelten für die Beiträge der freiwillig Versicherten.

Ihre Versicherung darf, wie bereits erwähnt, unabhängig von der Höhe ihres thatsächlichen Arbeitsverdienstes, nur in Lohnklasse II erfolgen. Neben dem hiernach zu leistenden Beitrag haben sie einen Zusatzbeitrag zu entrichten, dessen Höhe bis zu anderweitiger Festsetzung durch den Bundesrat 8 Pfennig wöchentlich beträgt.*) Beide Beiträge werden einheitlich durch Verwendung von Doppelmarken entrichtet. Den einen Bestandteil der Letzteren bildet die Marke der Lohnklasse II der Versicherungsanstalt, den andern die Zusatzmarke des Reichs. Unterlassung der Beibringung von Doppelmarken ist strafbar. Doch erfordert in zwei Fällen das Gesetz Zusatzbeiträge überhaupt nicht:

Personen, welche während mindestens 5 Beitragsjahren in einer versicherungspflichtigen Beschäftigung gestanden haben und für diese Zeit Beiträge aufweisen, können, wenn sie bei nachheriger Selbständigkeit regelmäßig nicht mehr als einen Lohnarbeiter beschäftigen, die Fortsetzung oder Erneuerung der Versicherung durch bloße Zahlung des Beitrages für Lohnklasse II bewirken. Bei Saisonarbeitern, d. h. solchen Personen, die nur in gewissen Zeiten des Jahres beschäftigt sind, (Maurern, Buhnenarbeitern 2c.), die aber in einem festen Arbeitsverhältnis zu einem bestimmten Arbeitgeber stehen, kann bei einer 4 Monate nicht übersteigenden Aussetzung der Arbeit das bestehende Ver-

---

*) Anm. Derselbe dient zur anteiligen Deckung des Reichszuschusses zu den Renten, vergl. S. 4.

sicherungsverhältnis auch ohne Beibringung von Doppelmarken durch Fortentrichtung der bisherigen Beiträge aufrecht erhalten werden. —

Jeder Versicherungspflichtige hat sich eine **Quittungskarte** zu verschaffen, in welche die Marken einzukleben sind. Die Quittungskarten, wie sie zur Ausgabe gelangen, haben 52 Felder, also Raum für 52 Marken, welch Letztere in fortlaufender Reihenfolge einzukleben sind. Die Nummern auf den Quittungskarten entsprechen nicht etwa den Kalender-, sondern den Beitragswochen. Es dürfen bei Unterbrechung der Beitragsleistung keine Felder freigelassen werden.

Die Quittungskarten werden in Preußen durch die Ortspolizeibehörden (in Berlin die Polizeireviere) an die Versicherten auf ihren Antrag, oder auf den Antrag ihrer gesetzlichen Vertreter (Vater, Vormund, Pfleger), ihrer Bevollmächtigten oder Arbeitgeber ausgegeben.

Zuständig ist diejenige Polizeibehörde, in deren Bezirk die Arbeitsstätte des Versicherungsnehmers, (welche übrigens nicht mit dem Betriebssitze zu verwechseln ist), sich befindet, oder, sofern der Versicherte eine dauernde Arbeitsstätte nicht hat, diejenige Behörde, in deren Bezirk er sich aufhält. Die erste Ausstellung der Quittungskarte erfolgt kosten- und portofrei, soweit nicht für den Versicherten, der schuldhafter Weise die Beschaffung der Karte unterlassen hat, dessen Arbeitgeber die Ausstellung veranlaßt, oder der Versicherte einer polizeilichen Ladung zur Empfangnahme der Karte nicht Folge leistet.

Bei Ausstellung der Karte prüft die ausgebende Stelle die Legitimation des Antragstellers sowohl bezüglich der Identität der Person, als bezüglich der Berechtigung zum Eintritt in die Versicherung.

Nicht versicherungsberechtigten Personen, sowie Angehörigen einer besonderen in die Gesamtorganisation eingereihten Kasseneinrichtung darf eine Karte nicht ausgestellt werden. Gegen die Versagung der Ausstellung steht dem Antragsteller binnen zwei Wochen nach Empfang der Mitteilung die Beschwerde an die der ablehnenden Stelle unmittelbar vorgesetzte Dienstbehörde (in Berlin das Polizeipräsidium) zu, welche endgültig entscheidet.

In der Betrauung der Polizeibehörden mit der Ausstellung der Quittungskarten liegt einer der bereits oben angedeuteten Mißgriffe, welche auf der Nichtbeachtung der Thatsache beruhen, daß jedem Schützlinge des Gesetzes in der Zulassung zur Versicherung ein Recht, nicht ein bloßer Gnadenact, gewährt werden soll. Nur der Besitzer einer Quittungskarte kann Versicherung nehmen; in der Verweigerung der Ausstellung liegt deshalb zugleich die Versagung des Rechts zur Versicherung. Die Entscheidung über dieses Recht wird damit bezüglich der in Theorie und Praxis meistumstrittenen Frage, wer zur Versicherung verpflichtet und berechtigt ist, also in seinem wesentlichsten Punkte, endgültig in die Hand von Behörden gelegt, die weder mit den Garantien einer unabhängigen Rechtssprechung umgeben, noch auch zur Beurteilung der in Betracht kommenden schwierigen Rechtsfragen irgend wie geeignet sind.*)

Bis zum Ablauf des dritten auf das Jahr der Ausstellung folgenden Jahres muß die Karte umgetauscht werden. Eine an irgend einem Tage des Jahres 1891 ausgestellte Karte gilt demgemäß nur bis zum Ablauf des Jahres 1894. Nichtbefolgung dieser Vorschrift zieht Ungültigkeit der Karten und der darin befindlichen Marken nach sich. Nur wenn die Annahme begründet ist, daß der

---

*) Anmerkung: Dieser Mangel wird auch durch die weitere Bestimmung nicht geheilt, daß Streitigkeiten über die Frage, ob für einen Versicherten Beiträge zu entrichten sind, in erster Instanz vom Landrat, bzw. dem Magistrat, in zweiter und letzter Instanz von dem Regierungs- bzw. Oberpräsidenten entschieden werden sollen (vergl. Seite 42): denn die Beitragsentrichtung setzt den Besitz einer Quittungskarte voraus. Diese Bestimmung verfügt also nur über die Frage, wie es bei Streitigkeiten darüber zu halten ist, ob eine Person, die sich bereits im Besitz einer Quittungskarte befindet, jeweilig eine die Versicherungspflicht begründende Beschäftigung ausübt und demgemäß beitragspflichtig ist. Ueberdies ist auch der hier genannte Beschwerdeweg nicht mit den Garantieen einer unabhängigen Rechtssprechung umgeben.

Versicherte ohne sein Verschulden den rechtzeitigen Umtausch versäumt hat, kann — muß aber nicht — die Versicherungsanstalt auf seinen Antrag die fortdauernde Gültigkeit anerkennen.

Die Vorschrift bezweckt, für das Erlöschen der Anwartschaft eine Kontrole zu schaffen. Praktisch wird sie eben so selten werden, wie dieses: denn der Umtausch der Karten muß natürlich auch dann erfolgen, wenn die Felder der alten beklebt sind, und wird deshalb meistens viel früher geschehen, als vor Ablauf des dritten Jahres nach dem Ausstellungsjahre.

Von amtswegen findet der Umtausch statt, wenn sich in der Karte Eintragungen oder Vermerke, die durch das Gesetz nicht geboten sind, insbesondere Urteile über Führung oder Leistungen des Inhabers finden. Die Karte soll kein Arbeitsbuch sein. Deshalb sind dergleichen Eintragungen oder Vermerke untersagt und mit Geldstrafe bis zu 2000 Mark oder Gefängnis bis zu 6 Monaten, bei mildernden Umständen statt mit Gefängnis mit Haft bis zu 6 Wochen bedroht.

Der Versicherte ist schließlich jederzeit berechtigt, ohne jeden Grund den Umtausch seiner Quittungskarte zu verlangen. Auch dies soll verhindern, daß Letztere den Charakter eines Arbeitsbuchs annehme, insbesondere, daß aus der Zahl der eingeklebten Marken ein Schluß auf die Arbeitszeit und somit den Fleiß des Inhabers ermöglicht werde.

Soweit nicht der Umtausch einer noch gültigen, nicht mit 30 Marken beklebten Karte verlangt, oder eine Karte auf polizeiliche Ladung nicht abgeholt wird, entstehen dem Versicherten weder Kosten noch Portoauslagen.

Die Ausfertigung der neuen Karte erfolgt thunlichst Zug um Zug gegen Rückgabe der alten.

Die den Umtausch bewirkende Behörde hat die in der zurückgegebenen Karte eingeklebten Marken derart aufzurechnen, daß ersichtlich ist, wieviel Beitragswochen für die einzelnen Lohnklassen anzurechnen sind. Gleichzeitig ist die Dauer der Krankheiten, bezw. militärischen Dienstleistungen anzugeben. Die Aufrechnung der Marken erfolgt lediglich nach Lohnklassen. Das Zahlenergebnis ist für jede derselben getrennt einzutragen. Anzurechnende Krankheiten und militärische Dienstleistungen sind nach dem Datum des Beginns und der Beendigung zu vermerken. Zur Prüfung der Anrechnungsfähigkeit dieser Verhältnisse haben die Versicherten entsprechende Nachweise zu führen. Als solche genügen für Krankheiten Bescheinigungen des Vorstandes derjenigen Krankenkasse (hier auch freien Hülfskasse), bezw. derjenigen Gemeindekrankenversicherung oder landesrechtlichen Einrichtungen ähnlicher Art, welcher der Versicherte angehört. Für die Zeit, welche über die Dauer der von den genannten Kassen zu gewährenden Unterstützung hinaus reicht, sowie für Nichtkassenmitglieder genügt die Bescheinigung der Gemeindebehörde. Für die in Reichs- und Staatsbetrieben angestellten Personen kann die vorgesetzte Dienstbehörde die Bescheinigung ausstellen. Der Nachweis kann aber auch auf andere Weise, z. B. durch ärztliche Atteste, Zeugnisse von Krankenhäusern 2c. geführt werden.

Zum Nachweise militärischer Dienstleistungen genügt die Vorlegung der Militärpapiere.

Ueber das Ergebnis der Aufrechnung muß im unmittelbaren Anschluß an dieselbe dem Versicherten eine **Bescheinigung** erteilt werden, u. zw. kostenfrei. Dieselbe muß die aus der Aufrechnung sich ergebenden Endzahlen ersehen lassen.

Die Bescheinigung kann durch Rechtsmittel angefochten werden, vgl. Seite 38. Der Versicherte hat die Aufbewahrung der Bescheinigung selbst zu bewirken. Doch kann er (und mit seiner Zustimmung sein Arbeitgeber) zur mehreren Sicherheit gegen Verlust 2c. verlangen, daß die umtauschende Stelle die Bescheinigung an sich nehme und an die Versicherungsanstalt, bei welcher die erste Versicherung erfolgt ist, zur Aufbewahrung übersende.*)

*) **Anmerkung.** Aus der Bescheinigung kann der Versicherte jederzeit die Höhe seiner eventuellen Ansprüche ersehen. Er hat damit zugleich eine Kontrole darüber, ob die zugesprochene Rente ihm in zustehender Höhe gewährt wird.

Die abgegebenen Karten werden von der abnehmenden Stelle an die Versicherungsanstalt des Bezirks und von dieser an diejenige Anstalt übersendet, welcher zuerst Beiträge des Versicherten zugeflossen sind. Der Name der Letzteren ist auf sämtlichen Quittungskarten vermerkt.

Die Erneuerung (der Ersatz) der Quittungskarte erfolgt, ebenfalls kostenfrei, bei Verlust, gänzlicher oder teilweiser Zerstörung oder sonstiger Unbrauchbarkeit derselben. Das Verfahren ist das gleiche wie beim Umtausch. Nur wird hier dem Versicherten nicht eine besondere Bescheinigung erteilt, vielmehr wird der Inhalt der alten Karte in die neue in beglaubigter Form übertragen. Der Versicherte hat denselben nachzuweisen. Als Beweismittel sind geeignet: Die Lohnlisten der Arbeitgeber, zuverlässige Auskunft der Letzteren oder der Mitarbeiter des Versicherten. Der erkennbare Inhalt eines noch vorhandenen Teils der alten Karte ist ohne weitere Prüfung in die neue aufzunehmen.

Gegen den Inhalt sowohl der Uebertragung, als der vorerwähnten Bescheinigung steht den Versicherten binnen zwei Wochen nach Aushändigung der Einspruch zu. Die Erhebung desselben erfolgt bei der Stelle, welche die erneuerte Karte, bezw. die Bescheinigung ausgestellt hat. Dieselbe Stelle befindet auch über den Einspruch.

Bei völliger oder teilweiser Zurückweisung des Letzteren haben die Versicherten binnen zwei Wochen nach Mitteilung des Bescheids den Rekurs an die der angegriffenen Stelle unmittelbar vorgesetzte Dienstbehörde (in Berlin das Polizeipräsidium), welche endgültig entscheidet. Die Einlegung des Rekurses hat bei dieser Behörde oder bei der angegriffenen Stelle zu geschehen. Dabei sind die neue Karte, bezw. die Bescheinigung, sowie der etwa schriftlich auf den Einspruch erteilte Bescheid vorzulegen.

Der Einspruch ist kosten- und portofrei, falls nicht die Annahme begründet ist, daß die Versicherten sich der Grundlosigkeit ihrer Anträge bewußt gewesen. Die Auferlegung von Kosten ist zu begründen und unterliegt der

Anfechtung mittels Rekurses. Die Kostenpflicht des Letzteren folgt den allgemeinen Regeln über die Beschwerden in Verwaltungssachen.

In die Zahlung der Beiträge teilen sich Arbeitgeber und -nehmer.

Als Arbeitgeber im Sinne des Gesetzes bezeichnen die Motive des Regierungsentwurfs (S. 85 a. a. O.) den, für dessen Rechnung der Arbeitslohn gezahlt wird.

Dies dürfte den Konsequenzen des Gesetzes nicht voll entsprechen, wie nachstehende Erwägung ergiebt:

Das Gesetz definiert (§ 2 daselbst) die Hausgewerbetreibenden als Personen, welche in eignen Betriebsstätten im Auftrage und für Rechnung anderer Gewerbetreibenden mit der Herstellung oder Bearbeitung gewerblicher Erzeugnisse beschäftigt werden.

Nach dieser Definition gehört es also zum Begriffe der Hausgewerbetreibenden, daß sie ihre Arbeit und demgemäß die Löhnung ihres Personals für Rechnung ihrer Auftraggeber bewirken. Den Motiven gemäß müßten somit die Letzteren ohne weiteres als Arbeitgeber der Hülfskräfte der Ersteren erscheinen. Das Gesetz verordnet aber im Abs. 2 a. a. O. ausdrücklich, daß die Auftraggeber durch Bundesratsbeschluß verpflichtet werden können, hinsichtlich der Hausindustriellen und ihrer Gesellen, Gehülfen und Lehrlinge die den Arbeitgebern gesetzlich obliegenden Verpflichtungen zu erfüllen. Einer solchen Bestimmung hätte es nicht bedurft, wenn in jedem Falle Arbeitgeber der sein sollte, für dessen Rechnung die Löhnung geschieht. Aus der Aufnahme dieser Bestimmung in das Gesetz folgt daher, daß Letzteres als Arbeitgeber des Personals der Hausindustriellen diese und nicht die Auftraggeber ansieht, obwohl für deren Rechnung der Lohn gezahlt wird. Hieraus ergiebt sich als weitere Folgerung, daß der Gedanke der Motive nicht Gesetz geworden ist. Die Motive haben nur den regelmäßigen Fall im Auge, daß die Person, für deren Rechnung die Löhnung erfolgt, mit der identisch ist, welche die Arbeiter im Lohnvertrage anwirbt. In den Fällen, wo der Anwerber und der Ablöhner nicht ein und dieselbe Person sind, führt die Definition der Motive zu Ergebnissen, die vom Gesetzgeber nicht gewollt sein können.

Eröffnet beispielsweise ein Kaufmann ein Geschäft, und zahlt ein Dritter (z. B. sein Vater), um das Emporkommen der Unternehmung zu erleichtern, die Löhne des Personals aus eigner Tasche, so würde nach den Motiven der Dritte als Arbeitgeber anzusehen sein und demgemäß die Lasten der Versicherung zu tragen haben. Dies hieße aber dem dritten Schenkgeber eine mit den allgemeinen Rechtsgrundsätzen nicht zu vereinbarende Verpflichtung auferlegen. Wer freiwillig giebt, kann um deswillen nicht zur Leistung eines Mehr über das freiwillig Uebernommene hinaus gezwungen werden. Dafür, daß das Gesetz von diesem allgemeinen Grundsatz abweichen wollte, giebt die beiläufige Bemerkung der Motive keinen ausreichenden Anhalt.

Es besteht aber nur die Wahl, als Arbeitgeber entweder den anzusehen, für dessen Rechnung die Löhnung geschieht, oder den, welcher die Arbeiter im Lohnvertrage im eignen Namen anwirbt. Die erstere Alternative entspricht, wie gezeigt, nicht dem Willen des Gesetzgebers; demgemäß bleibt nur die letztere übrig.

Hiernach ergiebt sich als Grundsatz: **Arbeitgeber ist der, von dem oder für welchen der Arbeitsvertrag geschlossen, der Angestellte angeworben wird.** Derselbe läßt die Entscheidung im gegebenen Falle leicht finden.

Bei **Akkordverhältnissen** z. B. ist mit der seltenen Ausnahme, daß der Akkordant die Arbeiter nur vertretungsweise für seinen Auftraggeber annimmt, als Arbeitgeber stets der Erstere anzusehen. Das Reichsversicherungsamt erachtet dagegen als für die Lösung der Frage entscheidende Merkmale: das Maß der Abhängigkeit oder Selbständigkeit des Akkordanten in Beziehung auf die Arbeitsthätigkeit und sein persönliches Verhalten bei derselben, die allgemeine soziale Stellung des Akkordanten, den Umfang seiner Verantwortlichkeit für die Ausführung der ihm übertragenen Arbeit, die Höhe des Entgelts, sowie den Umstand, ob das Entgelt einen eigentlichen Unternehmergewinn für den Arbeitenden oder lediglich einen dem Durchschnittswert entsprechenden Lohn der Arbeit darstellt! —

Die Beiträge werden von den Arbeitgebern und den Versicherten je zur Hälfte entrichtet. Vereinbarungen, wonach Letztere mehr als die Hälfte zahlen sollen, sind nichtig und werden an den Arbeitgebern oder den sie vertretenden Angestellten mit Geldstrafe bis zu 300 Mark oder Haft geahndet. Die Entrichtung der vollen Wochenbeiträge durch die Arbeitgeber ist zulässig. Letztere „mehrere Arbeitgeber unter solidarischer Haftbarkeit" haben die Marken aus eigenen Mitteln zu erwerben und bei der jedesmaligen Lohnzahlung in einer den Arbeitswochen entsprechenden Anzahl in die Quittungskarte einzukleben. Bei wöchentlicher Lohnzahlung hat also das Einkleben wöchentlich zu geschehen, bei monatlicher Lohnzahlung monatlich 2c. Hierbei ist für jede auch nur angefangene Woche ein voller Wochenbeitrag zu entrichten.

Findet die Beschäftigung des Angestellten nicht während der ganzen Woche bei demselben Arbeitgeber statt, so ist die Marke von demjenigen einzukleben, welcher in der Woche den Arbeiter zuerst beschäftigt. Wer also, sei es selbst am letzten Tage der Arbeitswoche, dem Sonntag, eine versicherungspflichtige Person zur Arbeit annimmt, muß sich überzeugen, ob für sie in der betreffenden Woche bereits eine Marke eingeklebt ist und andernfalls seinerseits einen vollen Wochenbeitrag entrichten. — Kann die Zahl der thatsächlich verwendeten Arbeitstage nicht festgestellt werden, so ist der Beitrag für diejenige Zeit zu entrichten, welche zur Herstellung der Arbeit annähernd für erforderlich zu erachten ist. Im Streitfalle entscheidet die untere Verwaltungsbehörde endgültig.

Der Arbeitgeber ist berechtigt, die Hälfte der vorgestreckten Beiträge bei der Lohnzahlung in Abzug zu bringen. Der Abzug darf aber — „bei Strafe bis 300 Mk. oder Haft" — nur für die beiden letzten Lohnzahlungsperioden (Wochen, Monate, Quartale 2c.) geschehen.

Ergeben sich bei der Halbierung Bruchpfennige, so hat der Arbeitgeber seinen Beitrag nach oben, den des Angestellten nach unten abzurunden.

Im Interesse der unständigen Arbeiter kann durch Beschluß des Bundesrats oder durch statutarische Festsetzung der Versicherungsanstalten bestimmt werden, daß sie die Versicherungsbeiträge statt der Arbeitgeber im Voraus entrichten und von Letzteren die Hälfte der entrichteten Beiträge bei der Lohnzahlung erstattet verlangen dürfen.

Streitigkeiten zwischen den Versicherungsanstalten einerseits und Arbeitgebern oder Versicherten andererseits, oder zwischen Arbeitgebern und -nehmern darüber, ob oder zu welcher Versicherungsanstalt, in welcher Lohn- oder Gefahrenklasse Beiträge zu entrichten sind, entscheidet die untere Verwaltungsbehörde des Beschäftigungsorts.

Gegen die Entscheidung steht den Beteiligten binnen 4 Wochen nach deren Zustellung die Beschwerde an die höhere Verwaltungsbehörde*) zu. Im übrigen werden Streitigkeiten bei Berechnung und Anrechnung zu entrichtender oder zu erstattender Beiträge durch die untere Verwaltungsbehörde endgültig entschieden.

Nach Erledigung der Streitpunkte, hat diese Behörde von amtswegen für Nachbringung zu wenig verwendeter Marken zu sorgen. Zu viel erhobene Beiträge sind auf Antrag von den Versicherungsanstalten einzuziehen und — nach Vernichtung der betreffenden Marken und Berichtigung der Aufrechnung — den Beteiligten zurückzuzahlen. Bei Versicherung in einer unzuständigen Anstalt sind die irrtümlich beigebrachten Marken zu vernichten und solche der zuständigen Anstalt in einer den Beitragswochen entsprechenden Anzahl nachzubringen. Der Betrag der vernichteten Marken ist von der Anstalt, von der diese ausgegeben sind, einzuziehen und zwischen den Beteiligten

---

*) Anmerkung. In Preußen der Regierungs-Präsident, in Berlin der Ober-Präsident.

entsprechend zu verteilen. Die untere Verwaltungsbehörde kann bestimmen, daß statt der Vernichtung der Marken die Quittungskarte erneuert werde.

Auch hier zeigt sich die nicht genügende Würdigung des Anspruchs auf Zulassung zur Versicherung als eines rechtlichen.

Die Entscheidung über die oben genannten Streitpunkte enthält, — wie sich aus § 2 als Konsequenz ergiebt, zugleich eine solche über wesentliche Bestandteile des Rechts zur Versicherung.

Die mit der Rechtsfindung über diese Punkte betrauten Behörden sind hier zwar andere als die zur Beurteilung der Frage berufenen, ob eine Person zur Versicherung überhaupt zugelassen werden soll: die Garantieen einer unabhängigen Rechtssprechung bieten sie ebensowenig dar, wie jene. —

Arbeitgeber, welche die Marken einkleben, sowie Versicherte sind befugt — aber nicht verpflichtet — die in der Quittungskarte befindlichen Marken zu entwerten. Die Entwertung hat handschriftlich oder unter Anwendung eines Stempels mit einem die Marke in der Mitte durchschneidenden, schwarzen, wagerechten, schmalen Strich zu geschehen. Andere Zeichen gelten vor Umtausch der Karte nicht als Entwertung.

Nach dem Einkleben der Marken ist die Karte dem Versicherten sofort zurückzugeben, wenn dieser sich nicht etwa ausdrücklich oder stillschweigend mit der Aufbewahrung durch den Arbeitgeber einverstanden erklärt. Karten, welche im Widerspruch hiermit zurückbehalten werden, sind durch die Ortspolizeibehörden dem Zuwiderhandelnden abzunehmen und dem Berechtigten auszuhändigen. Unbefugte Zurückbehaltung ist außerdem mit Geldstrafe bis 300 Mk. oder Haft bedroht und verpflichtet zum Ersatz aller dem Versicherten daraus entstehenden Nachteile. Die Bestimmung soll die Ausübung eines nicht wünschenswerten Zwanges seitens der Arbeitgeber auf ihre Angestellten verhindern.

Auch soll der Versicherte stets in der Lage sein, zu kontrolieren, ob die nötige Anzahl Marken für ihn eingeklebt ist.

Die Versicherungsanstalten sind berechtigt, zum Zweck der Kontrole mit Genehmigung des Reichsversicherungsamts Vorschriften zu erlassen. Letzteres kann den Erlaß solcher Kontrolbestimmungen anordnen und im Falle der Nichtbefolgung dieser Anordnung auch selbst bewirken.

Die Arbeitgeber können von seiten der Anstalten zur rechtzeitigen Erfüllung dieser Vorschriften durch Geldstrafen bis zu 100 Mk. angehalten werden. Sie sind gegenüber den Kontrolbehörden und -beamten zur Auskunftserteilung über die Zahl der von ihnen beschäftigten Personen und über die Dauer der Beschäftigung, sowie zur Vorlegung der in Betracht kommenden Geschäftsbücher und Listen während der regelmäßigen Geschäftsstunden in ihren Betriebsstätten verpflichtet.

Wissentlich oder fahrlässig falsche Eintragungen in die Nachweisungen und Anzeigen, deren Aufstellung den Arbeitgebern durch Gesetz- oder statutarische Bestimmungen der Versicherungsanstalten auferlegt wird, sind mit Ordnungsstrafe bis 500 Mk. bedroht.

Für die Angestellten verwahrte Quittungskarten müssen die Arbeitgeber auf Verlangen zur Kontrole und etwaigen Berichtigung vorlegen. Zu Letzterem, sowie zur Erteilung verlangter Auskünfte über Art und Dauer der Beschäftigung sind auch die Versicherten bei Geldstrafe bis zum Betrage von je 300 Mk. verpflichtet.

Kosten sollen den Arbeitgebern durch die Kontrole nicht erwachsen. Die entstandenen Aufwendungen werden zu den Verwaltungskosten geschlagen. Doch können dem Arbeitgeber durch Nichtbeachtung der Kontrolvorschriften veranlaßte baare Auslagen durch den Vorstand der Versicherungsanstalt auferlegt werden. Gegen den Beschluß findet binnen 2 Wochen nach Zustellung desselben die Beschwerde an die untere Verwaltungsbehörde statt, welche endgültig entscheidet.

Gegen Indiskretionen bei Ausübung der Kontrole sind die Arbeitgeber ausreichend dadurch geschützt, daß unbefugte Offenbarung oder Nachahmung von Betriebsgeheimnissen, sowie geheim gehaltener Einrichtungen oder Betriebsweisen mit hohen Strafen bedroht sind.

Es ist nicht zu verkennen, daß den Arbeitgebern durch die Kontrole und die gesetzlichen Verpflichtungen eine große Last aufgebürdet wird. Das Gesetz hat thunlichst für Erleichterungen gesorgt. Die Arbeitgeber sind befugt, die ihnen obliegende Aufstellung von Nachweisungen oder Anzeigen auf bevollmächtigte Leiter des Betriebs: Prokuristen, Werkmeister zc. zu übertragen und sich hierdurch in Ansehung dieser Punkte von der strafrechtlichen Verantwortlichkeit frei zu machen. Letztere trifft alsdann den Beauftragten.

Sodann können zur Erleichterung der Arbeitgeber die Landes-Zentralbehörden sowie, im Wege statutarischer Bestimmung, die Versicherungs-Anstalten, die weiteren Kommunalverbände und die Gemeinden anordnen, daß die Krankenkassen*) für Rechnung der Versicherungs-Anstalten die Beiträge ihrer Mitglieder durch ihre Organe von den Arbeitgebern einziehen, die Marken in entsprechender Anzahl in die Quittungskarten einkleben und entwerten. Für Nichtmitglieder einer Krankenkasse oder für Mitglieder einer freien Hülfskasse kann die gleiche Pflicht den Gemeindebehörden oder anderen, von der Landes-Zentralbehörde bezeichneten Stellen oder örtlichen, von den Versicherungsanstalten einzurichtenden Hebestellen auferlegt werden. In Fällen letzterer Art dürfen Bestimmungen über die — sonst im Gesetz nirgendwo vorgesehene — Verpflichtung zur An- und Abmeldung der Versicherten getroffen und Zuwiderhandlungen mit Geldstrafe bis zu 100 Mk. bedroht werden.

*) Anmerkung. Als Krankenkassen im Sinne dieses Gesetzes gelten die Orts-, Betriebs- (Fabrik-), Bau- und Innungskrankenkassen, die Knappschaftskassen, sowie die Gemeindekrankenversicherung und landesrechtliche Einrichtungen ähnlicher Art, nicht aber die freien Hülfskassen.

Zum Erlaß all dieser Vorschriften bedürfen die Versicherungsanstalten der Genehmigung der Landes-Zentralbehörde, die weiteren Kommunalverbände und Gemeinden der Genehmigung der höheren Verwaltungsbehörde.

Die Arbeitgeber dürfen den Versicherten die Hälfte der fällig gewordenen Beiträge bei der Lohnzahlung in Abzug bringen.

Ferner können, soweit die vorstehend erörterten Anordnungen getroffen sind, auf demselben Wege Ausstellung und Umtausch der Quittungskarte den mit der Einziehung der Beiträge betrauten Stellen übertragen werden. Ebenso kann für Versicherte, deren Beschäftigung durch den Arbeitsvertrag oder den Zweck der Arbeit auf einen Zeitraum von weniger als einer Woche beschränkt ist, bestimmt werden, daß die Hälfte der Beiträge, welche auf sie selbst entfällt, von ihnen unmittelbar, daß hingegen die andere Hälfte von dem weiteren Kommunalverbande oder der Gemeinde entrichtet und durch sie von dem Arbeitgeber eingezogen werde.

Sämtliche obige Maßregeln, soweit sie sich auf Krankenkassenmitglieder beziehen, dürfen hinsichtlich dieser durch das Kassenstatut, und für die Versicherten, welche einer für Reichs- oder Staatsbetriebe errichteten Krankenkasse angehören, auch durch die Dienstbehörde getroffen werden, die den Verwaltungen dieser Betriebe vorgesetzt ist.

Die Versicherungsanstalten haben den Krankenkassen und den anderen mit der Einziehung der Beiträge betrauten Stellen die erforderlichen Marken gegen Abrechnung und eine von der Landes-Zentralbehörde zu bestimmende Vergütung zu gewähren. Die Versicherten sind berechtigt, die Quittungskarte bei der Einziehungsstelle, so lange sie im Bezirke derselben versichert sind, zu hinterlegen.

Besondere Vorschriften hat der Bundesrat unterm 22. November 1890 — vergl. B. Z. B. Seite 361 — auf Grund der ihm gesetzlich erteilten Ermächtigung bezüglich der von den Rhedern als Arbeitgebern für Seeleute zu entrichtenden Beiträge erlassen.

Für angemusterte Seeleute werden keine Quittungskarten ausgestellt und keine Marken verwendet. Vielmehr sind die Beiträge von den Rhedern binnen sechs Wochen nach Ablauf eines jeden Kalenderjahres, sowie nach Maßgabe der Zahl der auf dem Schiffe beschäftigt gewesenen Personen und nach der Dauer der Beschäftigung an die Versicherungsanstalt des Heimatshafens nachträglich zu entrichten. Innerhalb der gedachten Frist haben die Rheder eine Aufstellung dieser Beiträge, geordnet nach der im verflossenen Kalenderjahr zurückgelegten oder begonnenen, bei Ablauf des Jahres aber noch nicht vollendeten Reisen, bei der Versicherungsanstalt einzureichen. Letztere kann die Frist auf Antrag verlängern.

Die Unterlassung der rechtzeitigen Einreichung der Aufstellung oder der rechtzeitigen Einzahlung der danach geschuldeten Beiträge zieht für die Rheder Ordnungsstrafe bis 300 Mark nach sich. Die Rheder sind befugt, bei Zahlung der Heuer die Hälfte der Beiträge für die letzten beiden Lohnzahlungsperioden den Angestellten abzuziehen und haben diesen auf Antrag eine Bescheinigung auszustellen, aus welcher ersichtlich ist, für welche Zeitdauer und Lohnklasse und in welcher Höhe die Heuer einbehalten worden ist. Zur Erteilung dieser Bescheinigung sind auch die Schiffer verpflichtet. Auf Antrag des Seemanns ist die Bescheinigung in das Seefahrtsbuch unter dem Abmusterungsvermerk einzutragen.

Die Stelle der Quittungskarte vertritt bei Seeleuten, die sich im Besitze eines Seefahrtsbuches befinden, das Letztere. In dasselbe ist der Name der Versicherungsanstalt einzutragen, in deren Bezirk der Inhaber die erste versicherungspflichtige Beschäftigung gehabt hat. Die Eintragung hat das inländische Seemannsamt zu bewirken, welchem das Seefahrtsbuch zur Eintragung einer An- oder Abmusterung zuerst vorgelegt war. Die Versicherungsanstalt, bei welcher der Inhaber zunächst versichert worden, ist in jedes neu ausgestellte Seefahrtsbuch und in jede Quittungskarte des Seemanns einzutragen.

Bei Seeleuten, welche kein Seefahrtsbuch besitzen, tritt an die Stelle der Quittungskarte eine besondere, von dem abmusternden Seemannsamt zu erteilende Bescheinigung. Letztere wird bei Abmusterungen im Auslande durch den Kapitän vorläufig erteilt; die Unterschrift desselben muß von dem abmusternden Seemannsamt beglaubigt werden. Aus der Bescheinigung muß sich der Name und Heimatshafen des Schiffs, Name, Ort und Zeit der Geburt des Seemanns, die Dauer seiner Dienstzeit und die Klasse von Seeleuten, welcher er während seiner Dienstzeit angehörte, ergeben. Die Lohnklasse braucht darin nur dann enthalten zu sein, wenn die Versicherung in einer höheren Lohnklasse vereinbart worden ist. Die vorläufige Bescheinigung bezieht sich nur auf die letzte Reise; die vom Seemannsamt ausgestellte sowohl auf diese, als auch auf diejenigen Reisen, für welche beglaubigte vorläufige Bescheinigungen vorgelegt werden. Die Letzteren werden nach Ausstellung der definitiven Bescheinigung einbehalten und unbrauchbar gemacht. Auf Grund des Seefahrtsbuchs und der Bescheinigungen haben die Seemannsämter im Inlande von Zeit zu Zeit bei der Abmusterung auf Karten von der für die Quittungskarten vorgeschriebenen Größe und Beschaffenheit darüber Nachweisungen auszustellen, wieviel Beitragswochen, getrennt nach den einzelnen Lohnklassen und Versicherungsanstalten, zu denen die Heimatshäfen der Schiffe gehörten, dem Inhaber seit der letzten Nachweisung anzurechnen sind. Dabei ist die Dauer der nachgewiesenen, als Beitragszeit anzurechnenden Krankheiten und militärischen Dienstleistungen anzugeben. Die Eintragung eines Urteils über die Führung oder die Leistungen des Inhabers ꝛc. ist auch hier untersagt und mit Strafe bedroht.

Auf Antrag des Seemanns sind derartige Nachweisungen bei jeder Abmusterung im Inlande, von amtswegen aber nur dann auszustellen, wenn sich aus dem Seefahrtsbuch ergiebt, daß seit Ausstellung der letzten Nachweisung mehr als vier volle Kalenderjahre verflossen sind, oder wenn sich der Versicherte nicht im Besitz eines See=

fahrtsbuchs befindet. Die Nachweisung hat das Seemannsamt der Versicherungsanstalt seines Bezirks zu übermitteln. Letztere bewirkt die Weitersendung an die für den Versicherten in Betracht kommende erste Versicherungsanstalt. Dem Seemann ist Gelegenheit zur Kenntnisnahme und auf Verlangen Abschrift der Nachweisung zu geben. Ihm stehen gegen den Inhalt der Letzteren die gleichen Rechtsmittel zu, welche gegen den Inhalt der Bescheinigung beim Umtausch einer Quittungskarte gegeben sind.*)

Seeleute, welche Quittungskarten besitzen, können dieselben bei einer Anmusterung im Inlande bei dem Seemannsamte hinterlegen. Letzteres hat für den rechtzeitigen Umtausch von amtswegen Sorge zu tragen und die ausgestellten Bescheinigungen in Verwahrung zu nehmen. Die Hinterlegung sowie die Rückgabe von Quittungskarten und Bescheinigungen ist vom Seemannsamt im Seefahrtsbuch zu vermerken. —

Personen, die freiwillig Versicherung nehmen, haben keinen Arbeitgeber. Sie müssen ihre Beiträge in ganzer Höhe aus eignen Mitteln bezahlen. Die beigebrachten Marken sind zu entwerten. Dies erfolgt durch die von der Landes-Zentralbehörde zu bestimmenden Stellen und darf nur dann bewirkt werden, wenn für die Zeit der freiwilligen Versicherung durchgehends Doppelmarken beigebracht sind.

Die Erhebung der Beiträge für die kleinen Unternehmer und die Hausindustriellen, auf welche die Versicherungspflicht erstreckt werden kann, wird im Ausdehnungsfalle durch Beschluß des Bundesrats geregelt. Daß die Versicherungslast der Hausindustriellen bezüglich ihrer Angestellten auf die Auftraggeber der Ersteren abgewälzt werden kann, wurde bereits erwähnt. Die gleiche Verpflichtung kann den Auftraggebern hinsichtlich der Hausindustriellen selbst auferlegt werden.

Die Art der Erhebung von Beiträgen der Mitglieder besonderer Kasseneinrichtungen wird im Gesetz

*) Vgl. Seite 38.

nicht geregelt. Werden dieselben nicht im Wege des Markensystems entrichtet, so hat der Vorstand der Kasseneinrichtung den aus der Letzteren ausscheidenden Personen die Dauer ihrer Beteiligung und für diesen Zeitraum die Höhe des bezogenen Lohns, die Zugehörigkeit zu einer Krankenkasse, sowie die Dauer etwaiger Krankheiten zu bescheinigen. Der Bundesrat darf über Form und Inhalt der Bescheinigung Vorschriften erlassen. Die Beiträge der Versicherten dürfen, soweit sie für die Invaliditäts- und Altersversicherung in Höhe des reichsgesetzlichen Anspruchs entrichtet werden, die Hälfte des für den Letzteren nach Maßgabe der gesetzlichen Bestimmungen zu erhebenden Beitrags nicht übersteigen. Dies findet jedoch keine Anwendung, sofern in der betreffenden Kasseneinrichtung die Beiträge in einer von dem Kapitaldeckungsverfahren abweichenden Art aufgebracht und deshalb höhere Beiträge notwendig werden, um die Leistungen, welche der betreffenden Kasseneinrichtung aus Invaliden- und Altersrenten in Höhe des reichsgesetzlichen Anspruchs obliegen, zu decken. Die Beiträge der Versicherten dürfen die der Arbeitgeber in keinem Falle übersteigen. Bei Berechnung der Wartezeit ist den bei solchen Kasseneinrichtungen Beteiligten, soweit es sich um das Maß des reichsgesetzlichen Anspruchs handelt, unbeschadet jedoch der Bestimmungen über das Erlöschen und Wiederaufleben der Anwartschaft, die bei Versicherungsanstalten zurückgelegte Beitragszeit in Anrechnung zu bringen.

B. Die durch Leistung der Beiträge erworbene Anwartschaft auf die Vorteile des Gesetzes wird zu einem vollendeten Bezugsrecht erst dann, wenn außer den allgemeinen Voraussetzungen die für jeden der drei Ansprüche verschiedenen Bedingungen zutreffen.

I. Die Invalidenrente wird nur dann gewährt, wenn eine dauernde Erwerbsunfähigkeit des Versicherten nachgewiesen wird, und für fünf Beitragsjahre Beiträge geleistet sind.

Die Erwerbsunfähigkeit darf sich der Versicherte nicht nachweislich vorsätzlich selbst zugefügt oder bei Begehung eines durch rechtskräftiges Strafurteil festgestellten Verbrechens zugezogen haben. Sie braucht keine vollständige zu sein. Es genügt eine teilweise Verminderung der Arbeitskraft und des Arbeitsverdienstes. Zur Berechnung dieses Minderverdienstes hat das Gesetz gewisse Lohnsätze aufgestellt, welche es als die Durchschnittsverdienste der sämtlichen, in eine Lohnklasse eingereihten Personen ansieht. Dasselbe erklärt für erwerbsunfähig Personen, welche nicht mehr im Stande sind, durch eine ihren Kräften und Fähigkeiten entsprechende Lohnarbeit mindestens einen Betrag zu verdienen, welcher sich zusammensetzt aus:

a) $^1/_6$ des Durchschnitts der Lohnsätze, nach welchen für den Versicherten während der letzten fünf Beitragsjahre Beiträge gezahlt worden sind, und b) $^1/_6$ des dreihundertfachen Betrages des durchschnittlichen Tagelohns gewöhnlicher Tagearbeiter an dem letzten Beschäftigungsort, an welchem der Versicherte nicht blos vorübergehend thätig gewesen ist.

Die Lohnsätze betragen:

in	Lohnklasse	I	300	Mark
"	"	II	500	"
"	"	III	720	"
"	"	IV	960	"

Ein erwachsener männlicher Versicherter, der zuletzt in Berlin nicht nur vorübergehend gearbeitet und die letzten fünf Beitragsjahre vor Erhebung seines Anspruchs auf Invalidenrente Beiträge geleistet hat, und zwar:

47	Wochen	zu	Lohnklasse	I	(Lohnsatz	300	Mark)
150	"	"	"	II	"	500	"
38	"	"	"	III	"	720	"

ist erwerbsunfähig, wenn er nicht mehr eine Summe zu verdienen vermag, die sich zusammensetzt aus: $^1/_6$ des dreihundertfachen Betrages des für Berlin ortsüblichen Tagelohns erwachsener männlicher Tagearbeiter (2,40 Mark pro Tag*) $= \frac{300.\ 2{,}40}{6} = 120$ Mark und $^1/_6$ des Durchschnitts obiger Lohnsätze. Dieses letztere Sechstel wird in der Weise gefunden, daß man die für jede Lohnklasse nachgewiesene Zahl von Beitragswochen mit dem entsprechenden Lohnsatze multipliziert:

$$\begin{array}{rr} 47 \times 300 = & 14\,100 \\ 150 \times 500 = & 75\,000 \\ 38 \times 720 = & 27\,360 \\ \hline \end{array}$$

hierauf die Summe der Resultate = 116 460 durch die Summe der Beitragswochen = 235 dividiert: 116460:235 = 495,57 und hiervon $^1/_6$ nimmt: 495,57 : 6 = 82,59.

Der betreffende Versicherte ist also erwerbsunfähig, wenn er jährlich nicht mehr 120 Mark + 82,59 Mark = 202,59 Mark zu verdienen imstande ist.

Der Grund dieser Kombination ist das Bestreben nach möglichst gleichmäßiger Behandlung sämtlicher Versicherter. „Das Individuelle des verdienten Lohns und das mehr Allgemeine des örtlichen Tagelohns (Letzteres hauptsächlich wegen der Gleichheit der Lebensmittelpreise) sollen thunlichst vereinigt werden." **)

Die so ermittelte Erwerbsunfähigkeit darf nicht eine blos vorübergehende, sie muß dauernd sein. Wann dies zutrifft, wird nach jedem Einzelfall, insbesondere auf Grund der ärztlichen Gutachten, zu prüfen sein. „Der Nachweis, daß in dem Zustande des Versicherten niemals wieder eine Besserung eintreten könne, braucht nicht gerade geführt zu sein; doch darf eine Invalidenrente nicht gewährt werden, wenn nach menschlichem Ermessen außer Frage steht, daß der Versicherte in absehbarer Zeit wieder hergestellt wird."***)

Den dauernd Erwerbsunfähigen gleichgestellt werden die Versicherten, welche bereits ein Jahr lang un-

---

*) Vgl. Seite 25.

**) Max Hirsch, das Invaliditäts- und Altersversicherungs-Ges. Seite 21.

***) Komm.-Ber. Seite 21.

unterbrochen erwerbsunfähig gewesen sind, für die weitere Dauer dieses Zustandes.

Das Gesetz nimmt, wie erwähnt, Erwerbsunfähigkeit nur dann an, wenn der Versicherte nicht mehr im Stande ist, den Mindestverdienst durch Anspannung seiner Kräfte **und** Fähigkeiten zu erreichen. Der Versicherte soll also beides anstrengen, um sich den Unterhalt zu verschaffen. Die Behörden, welchen die Prüfung der Frage der Erwerbsunfähigkeit obliegt, müssen aber hierbei die größte Billigkeit walten lassen. Es wird insbesondere, soweit es sich nicht um jüngere Leute handelt, nicht zu verlangen sein, daß ein Versicherter eine seiner bisherigen Beschäftigung ganz fern liegende erlerne.

Das Gesetz trifft Fürsorge für die Verhütung des Eintritts der Erwerbsunfähigkeit. Bei Versicherten, die der Krankenversicherung nicht unterliegen, sind die Versicherungs-Anstalten befugt, das Heilverfahren von Krankheiten zu übernehmen, welche Erwerbsunfähigkeit im Sinne dieses Gesetzes besorgen lassen. Von Beginn der Krankheit ab darf freie ärztliche Behandlung, Arznei rc. gewährt werden. Soweit es sich um Krankenkassenmitglieder handelt, können die Versicherungsanstalten von der Krankenkasse, welcher der Versicherte angehört oder angehört hat, eine Uebernahme der Fürsorge für die Erkrankten in dem von ihnen für geboten erachteten Umfange verlangen. Den Krankenkassen haben sie die entstandenen Kosten zu erstatten.

Die Versicherten müssen sich diesen Anordnungen bei Verlust ihres Rentenanspruchs unterwerfen. Ein Recht, diese Fürsorge zu verlangen, haben sie nicht. —

Die **Wartezeit** für die Invalidenrente beträgt fünf Beitragsjahre = 235 Beitragswochen.

Auf diese Zeit werden Krankheiten und Militairdienst in der oben angegebenen Weise zur Anrechnung gebracht. Hervorzuheben ist, daß bei der Invalidenrente den Personen, welche die Versicherung **freiwillig fortgesetzt oder erneuert** haben, die hierfür gezahlten, freiwilligen Beiträge, nur dann angerechnet werden, wenn sie außer diesen für mindestens 117 Beitragswochen = 2½ Beitragsjahre auf Grund der Versicherungspflicht oder der Selbstversicherung Beiträge aufweisen können.

Für die ersten fünf Kalenderjahre nach dem Inkrafttreten des Gesetzes, gelten hierbei folgende Uebergangsbestimmungen:

Wer innerhalb dieser Zeit erwerbsunfähig wird und nach dem 1. Januar 1891 mindestens 47 Beiträge geleistet hat, braucht zur Erfüllung der Wartezeit von den regelmäßig erforderlichen 235 Wochen um soviel Wochen weniger Beiträge zu leisten, als er nachweislich vor Inkrafttreten des Gesetzes, jedoch innerhalb der letzten fünf Jahre vor dem Eintritt seiner Erwerbsunfähigkeit in einem nach diesem Gesetze versicherungsbegründenden Arbeits- oder Dienstverhältnisse gestanden hat.

Einem Arbeiter z. B., der vom 1. Januar 1891 ab bis zum 1. December 1891 Beiträge geleistet hat und demgemäß 47 Beitragsmarken aufweisen kann, fehlen an der regelmäßigen Wartezeit 235 — 47 = 188 Wochen. Tritt am letztgenannten Tage seine Erwerbsunfähigkeit ein, und gelingt ihm der Nachweis, daß er innerhalb 5 Jahren vor diesem Tage bis zum Inkrafttreten dieses Gesetzes, also in der Zeit vom 1. December 1886 bis 1. Januar 1891 während mindestens 188 Wochen in einem versicherungsbegründenden Arbeitsverhältnis gestanden hat, so wird ihm diese Arbeitszeit in der Weise gutgebracht, als hätte er thatsächlich Beiträge geleistet. Er hat mithin einen Anspruch auf die Invalidenrente.

Zur Ermittelung der Erwerbsunfähigkeit wird für die Zeit, um welche sich die Wartezeit vermindert, der Lohnsatz der Lohnklasse I zu Grunde gelegt.

Krankheiten und Militairdienst werden unter denselben Voraussetzungen, unter denen sie auf die regelmäßige Wartezeit in Anrechnung kommen, auch für die Zeit vor dem Inkrafttreten des Gesetzes einem Arbeits- oder Dienstverhältnis gleich geachtet. Dasselbe gilt für die vorübergehende Unterbrechung eines ständigen Arbeits- oder Dienstverhältnisses (Saisonarbeiten 2c.). Eine solche wird insoweit, als sie während eines Kalenderjahres den Zeitraum von vier Monaten nicht übersteigt, auf die Wartezeit eingerechnet.

Die oben erwähnte Vorschrift, daß die zum Zweck der Fortsetzung oder Erneuerung des Versicherungsverhältnisses freiwillig geleisteten Beiträge auf die Wartezeit nur dann zur Anrechnung kommen, wenn für die Versicherten mindestens 117 Beiträge auf Grund der Versicherungspflicht oder der Selbstversicherung geleistet worden sind, findet auf die während der ersten vier Jahre nach dem Inkrafttreten des Gesetzes freiwillig geleisteten Beiträge keine Anwendung.

II. Altersrente erhält, ohne Rücksicht auf die Erwerbsfähigkeit, jeder Versicherte, der das siebenzigste Lebensjahr vollendet hat, und für 30 Beitragsjahre = 1410 Beitragswochen Marken aufweisen kann.

Bezüglich der Uebergangszeit gelten auch hier besondere Bestimmungen:

Für die Personen, welche am 1. Januar 1891 das vierzigste Lebensjahr vollendet haben, vermindert sich die Wartezeit, unbeschadet der Bestimmungen über das Erlöschen und Wiederaufleben der Anwartschaft um so viel Beitragsjahre, als ihre Lebensjahre am 1. Januar 1891 die Zahl vierzig übersteigen. Vorausgesetzt wird bei dieser Erleichterung, daß die genannten Personen in der Zeit vom 1. Januar 1888 bis zum 1. Januar 1891 nachweislich mindestens einhundert und einundvierzig Wochen hindurch in einem Arbeits- oder Dienstverhältnis gestanden haben, welches nach dem Reichsgesetz die Versicherungspflicht begründen würde. Es muß für dieselben mindestens ein Beitrag entrichtet sein, da nach dem Wortlaut des Gesetzes nur „Versicherte" der Erleichterung teilhaftig werden.

Hiernach können Personen, die das siebenzigste Lebensjahr vollendet haben, schon jetzt in den Genuß einer Altersrente gelangen.

Krankheiten, Militairdienst und Unterbrechungen ständiger Arbeits- oder Dienstverhältnisse werden auch auf die erforderliche Arbeitszeit vor dem 1. Januar 1891 unter denselben Voraussetzungen wie bei der Invalidenrente zur Anrechnung gebracht.

Selbstversicherte können der Erleichterungen nicht teilhaftig werden, weil Personen über vierzig Jahre in die Selbstversicherung nicht eintreten dürfen.

Zur Wahrung der Vergünstigungen welche aus den Uebergangsbestimmungen folgen, müssen die Versicherten Nachweise über deren Voraussetzungen beibringen. Hierzu sind notwendig Bescheinigungen der unteren Verwaltungsbehörden des Beschäftigungsorts (in Preußen der Ortspolizeibehörden, in Berlin der Polizeireviere), oder von einer öffentlichen Behörde beglaubigte Bescheinigungen der Arbeitgeber. Bemerkt sei, daß Gesindedienstbücher als ausreichende Bescheinigungen im Sinne dieses Gesetzes nicht angesehen werden.

Beschwerden über die Verweigerung von Bescheinigungen oder Beglaubigungen oder über den Inhalt einer erteilten Bescheinigung sind an die der ersuchten Stelle unmittelbar vorgesetzte Aufsichtsbehörde zu richten, welche endgültig entscheidet. Kosten irgend welcher Art dürfen für Ausstellung der Bescheinigungen oder Beglaubigungen, sowie für die hierbei entstehenden Verhandlungen nicht erhoben werden.

III. Die besonderen Voraussetzungen der Erstattung von Beiträgen werden im folgenden Paragraphen erörtert werden.

§ 4.

Gegenstand des Rechts aus der Versicherung.

Das Recht aus der Versicherung hat zum Gegenstande einen Anspruch auf Invaliden- oder Altersrente oder auf Erstattung von Beiträgen.

A. Die Invalidenrente einer Person wird verschieden bemessen je nach der Höhe und der Zahl ihrer Beiträge.

Dabei wird zunächst für alle Invalidenrenten gleichmäßig der Betrag von 60 Mark zu Grunde gelegt. Dieser sogenannte „Grundstock der Rente" steigt mit jeder Beitragswoche nach „Steigerungssätzen":

in Lohnklasse	I	um	2	Pfennig
" "	II	"	6	"
" "	III	"	9	"
" "	IV	"	13	"

Außerdem zahlt das Reich zu jeder Rente einen Zuschuß von 50 Mark.

Danach betragen die Invalidenrenten bei Entrichtung der Beiträge zu stets gleichen Lohnklassen nach Ablauf der Mindestwartezeit von fünf Beitragsjahren:

in Lohnklasse I

Grundstock	60	Mark
Reichszuschuß	50	"
5 Beitragsjahre = 235 Wochen à 2 Pfg. =	4,70	"
Summa	114,70	Mark,

in Lohnklasse II

Grundstock und Reichszuschuß	110	Mark
235 Wochen × 6 Pfg. = ...	14,10	"
Summa	124,10	Mark,

in Lohnklasse III

Grundstock und Reichszuschuß	110	Mark
235 Wochen à 9 Pfg. = ...	21,15	"
Summa	131,15	Mark,

in Lohnklasse IV

Grundstock und Reichszuschuß	110	Mark
235 Wochen à 13 Pfg. = ...	30,55	"
Summa	140,55	Mark

jährlich.

Selten wird ein Versicherter stets in der gleichen Lohnklasse versichert werden; ebenso selten wird bereits nach fünfjähriger Beitragsleistung Erwerbsunfähigkeit eintreten. Je mehr und je höhere Beiträge geleistet sind, desto höher sind die Renten. Einen Höchstbetrag der Invalidenrente kennt das Gesetz demgemäß nicht.

Beispiel: A. hat bis zu seinem 75. Lebensjahr 3200 Wochen gearbeitet, und ist auf Grund der Versicherungspflicht

1000	Wochen	in	Lohnklasse	II	(à 6 Pfennig)
600	"	"	"	III	(à 9 ")
1600	"	"	"	IV	(à 13 ")

versichert gewesen.

Er erhält bei demnächst eintretender Erwerbsunfähigkeit an Invalidenrente:

Grundstock und Reichszuschuß	. .	110 Mark
1000 Wochen à 6 Pfg. =	. . .	60 "
600 " à 9 " =	. . .	54 "
1600 " à 13 " =	. . .	208 "
	Summa	432 Mark

jährlich, so lange seine Erwerbsunfähigkeit dauert.

Gezahlt hat er dafür im ganzen 412 Mark und zwar die Hälfte von

1000	Wochenbeiträgen in Lohnklasse	II	à 20 Pfg.	=	100 Mk.
600	" " "	III	à 24 "	=	72 "
1600	" " "	IV	à 30 "	=	240 "
				Summa	412 Mk.

Das Verhältnis der Renten zu den Beiträgen ist hiernach für die Versicherten ein sehr vorteilhaftes. Noch günstiger gestaltet sich dasselbe bei Anrechnung von Krankheiten und militärischer Dienstleistungen:

Wäre im obigen Beispiel der Versicherte A. von den 1000 Wochen in Lohnklasse II 120 Wochen zu militärischen Dienstleistungen eingezogen und 400 Wochen krank gewesen, so würde er, da diese Zeiten in Lohnklasse II zur Anrechnung kommen, 52 Mark weniger an Beiträgen entrichtet haben, während seine Rente dieselbe bliebe.

Nach obigen Grundsätzen wird die Invalidenrente auch während der **Uebergangszeit** berechnet. Die Arbeits- oder Dienstverhältnisse und die ihnen gleichgestellten Fälle, welche vor dem 1. Januar 1891 liegen, dienen lediglich zur Erfüllung der Wartezeit. Die Rentenhöhe lassen sie unbeeinflußt.

Beispiel: A. wird am 1. Dezember 1891 Invalide und hat bis dahin 47 Beiträge in Lohnklasse IV geleistet. Für die Zeit vom 1. Dezember 1886 bis zum 1. Januar 1891 hat er 170 Wochen Arbeit, 10 Wochen Militärdienst und 8 Wochen Krankheit nachgewiesen. Hiernach hat er die Wartezeit erfüllt. Er erhält an Invalidenrente:

Grundstock und Reichszuschuß	110,00	Mark
47 Wochen in Lohnklasse IV à 13 Pfg.	6,11	„
Summa	116,11	Mark.

B. Bei der Altersrente fällt der Grundstock von 60 Mark fort. Der Reichszuschuß wird auch hier gewährt. Beiträge werden der Berechnung nur soviel zu Grunde gelegt, als Wochen zur Erfüllung der Wartezeit notwendig sind, d. h. 30 × 47 = 1410; sind mehr geleistet, so kommen jedesmal nur die höchsten Beiträge zur Anrechnung.

Beispiel: A hat 40 Beitragsjahre = 1880 Beiträge gezahlt, davon

400 in Klasse I,
480 „ „ II,
400 „ „ III,
600 „ „ IV,

von diesen 1880 Beiträgen kommen in Ansatz:

600 in Klasse IV,
400 „ „ III,
410 „ „ II,

1410 Wochen.

Die Steigerungssätze für die einzelnen Lohnklassen betragen

in Lohnklasse	I	4	Pfennig
„ „	II	6	„
„ „	III	8	„
„ „	IV	10	„

In dem obigen Beispiel würde A also an Rente erhalten

600 Wochen in Klasse	IV à	10 Pfennige	= 60,00	Mark.
400 „ „ „	III à	8 „	= 32,00	„
410 „ „ „	II à	6 „	= 24,60	„
Reichszuschuß			50,00	„
			166,60	Mark.

Dafür hat er innerhalb 40 Jahren gezahlt:

die Hälfte von	400	Beiträgen	à 14	Pfennige	= 28	Mark.
" " "	480	"	à 20	"	= 48	"
" " "	400	"	à 24	"	= 48	"
" " "	600	"	à 30	"	= 90	"
				Sa	214	Mark.

Bereits bei zweimaligem Bezug der Jahresrente werden hiernach die Aufwendungen durch die Vorteile nicht unerheblich überwogen.

Bei steter Arbeit in derselben Lohnklasse betragen die Renten

in Lohnklasse I 106,40 Mark.
" " IV 191,— "

Innerhalb dieser Grenzen liegen sämtliche Altersrenten.

Während der Uebergangszeit kommen der Reichszuschuß und 1410 Wochen, wie in der regelmäßigen Zeit, zum Ansatz. Da jedoch unter diesen 1410 Wochen sich solche befinden, für die keine Beiträge geleistet worden sind, die vielmehr als Beitragswochen fingiert werden, so hat das Gesetz Bestimmungen darüber getroffen, zu welchen Lohnklassen die fingierte Beitragszeit in Ansatz zu bringen ist.

Bei Renten, die innerhalb der ersten 10 Jahre nach dem 1. Januar 1891 zur Entstehung gelangen, kommen für die Zeit vor dem Inkrafttreten des Gesetzes die Steigerungssätze derjenigen Lohnklasse in Anrechnung, welche dem durchschnittlichen Jahresarbeitsverdienst des Versicherten während der nachzuweisenden 141 Arbeitswochen vor dem 1. Januar 1891 entsprechen, mindestens aber der Steigerungssatz der Lohnklasse I (2 Pfennige). Für die nach dem Inkrafttreten des Gesetzes liegende Zeit sind dagegen die den wirklich entrichteten Beiträgen entsprechenden Steigerungssätze maßgebend.

Bei den nach Ablauf jener 10 Jahre zur Entstehung kommenden Renten werden sowohl für die vor, als für die nach dem Inkrafttreten des Gesetzes liegende Zeit die Steigerungssätze derjenigen Lohnklassen zu Grunde gelegt, zu welchen die Beiträge nach dem 1. Januar 1891 thatsächlich entrichtet worden sind. Bei Zahlung derselben zu verschiedenen Lohnklassen geschieht diese Berechnung nach dem Verhältnis der Zahl der in den einzelnen Lohnklassen entrichteten Beiträge.

Beispiel a: (Berechnung innerhalb der ersten 10 Jahre nach dem 1. Januar 1891). — Der Versicherte A wird am 1. April 1891 siebenzig Jahre alt. Seine Lebensjahre übersteigen am 1. Januar 1891 die Zahl 40 um 29. Demgemäß werden ihm auf die erforderlichen 1410 Beitragswochen 29 × 47 = 1363 gut gebracht und er muß zur Erfüllung der Wartezeit für die Altersrente noch 47 Beiträge leisten. Entrichtet er Letztere zur Lohnklasse II und weist er für die erforderlichen 141 Wochen thatsächlicher Arbeitszeit vor dem 1. Januar 1891 einen der Lohnklasse IV entsprechenden durchschnittlichen Jahresarbeitsverdienst von 900 Mark nach, so bemißt sich seine Rente wie folgt:

Reichszuschuß	50,00	Mark
47 Beitragswochen nach dem 1. Januar 1891 in Lohnklasse II à 6 Pfennige =	2,82	„
1363 fingierte Beitragswochen in Lohnklasse IV à 10 Pfennige	136,30	„
Sa.	189,12	Mark.

In den Genuß dieser Rente gelangt er nicht schon bei Vollendung des siebenzigsten Lebensjahres, d. h. am 1. April 1891, sondern frühestens in der vorletzten Novemberwoche desselben Jahres, weil er früher die erforderlichen 47 Wochenbeiträge nicht aufbringen kann.

Beispiel b. (Berechnung nach Ablauf von 10 Jahren nach dem 1. Januar 1891). Vollendete A am 1. April 1904 sein siebenzigstes Lebensjahr, so würden seine Lebensjahre am 1. Januar 1891 die Zahl 40 um 16 übersteigen. Demgemäß wären ihm auf die Wartezeit 16 × 47 = 752 Wochen anzurechnen. Er müßte danach zur Erfüllung der ersteren noch 658 Beiträge thatsächlich aufbringen. Entrichtet er von diesen Beiträgen 282 zu Lohnklasse III, 376 zu Lohnklasse IV, so berechnet sich seine Rente folgendermaßen:

a. Reichszuschuß	50,00	Mark.
b. für die Zeit nach dem 1. Januar 1891:		
282 Beiträge in Lohnklasse III à 8 Pf.	22,56	"
376 " " " IV à 10 "	37,60	"
c. für die Zeit vor dem 1. Januar 1891: Hier wird die Zahl 752 nach dem Verhältnis von 282 : 376, d. h. von 3 : 4 geteilt und demgemäß in Anrechnung gebracht:		
322 Beiträge in Lohnklasse III à 8 Pf.	25,76	"
430 " " " IV à 10 Pf.	43,00	"
Sa	178,92	Mark.

Für die bei besonderen Kasseneinrichtungen beteiligten Versicherten kommen bei Berechnung der Altersrente sowohl als auch bei Berechnung der Invalidenrente für jede Woche der Beteiligung nach dem Inkrafttreten dieses Gesetzes die Steigerungssätze derjenigen Lohnklasse in Anwendung, welcher die Versicherten bei Zugrundelegung ihres Individuallohnes angehört hätten, wenn sie bei einer Versicherungsanstalt versichert gewesen wären. Sind sie zugleich Mitglieder einer Knappschaftskasse oder einer Orts-, Betriebs- (Fabrik) Bau- oder Innungskrankenkasse, so werden statt des Individuallohns die für Mitglieder solcher Kassen maßgebenden Durchschnittslöhne zu Grunde gelegt. Die Berechnung für die Zeit vor dem Inkrafttreten des Gesetzes geschieht jedoch auch hier nach den allgemeinen Grundsätzen. —

Die Altersrente ist als ein Zuschuß zu dem naturgemäß geminderten Arbeitsverdienst des alt gewordenen, aber noch nicht erwerbsunfähigen Versicherten gedacht. Sie soll es demselben „erleichtern, eine Ueberanstrengung der ihm verbliebenen Arbeitskraft zu vermeiden und sich den

Rest seiner Erwerbsfähigkeit länger zu erhalten, den Eintritt völliger Erwerbsunfähigkeit also hinausschieben."*)

Ihrem Zwecke nach durfte sie nicht so hoch bemessen werden, daß für den Empfänger der Sporn fortfällt, den verbliebenen Rest seiner Arbeitskraft auszunutzen. Deshalb ist sie erheblich niedriger, als die Invalidenrente, die einen Ersatz der verlorenen Erwerbsfähigkeit darstellt.

Die Altersrente erlischt, sobald der Empfänger in den Genuß der Invalidenrente gelangt.

Unterstützungen auf Grund der öffentlichen Armenpflege, sowie sonstige auf gesetzlichem statutarischen oder vertragsmäßigem Titel beruhende Verpflichtungen zur Fürsorge für alte, kranke, erwerbsunfähige oder hülfsbedürftige Personen bestehen neben den Renten dieses Gesetzes unverändert fort.

Soweit aber von einer Gemeinde oder einem Armenverbande (bezw. von einem Betriebsunternehmer oder einer Kasse, welche die den vorgenannten Verbänden obliegende Armenlast auf Grund gesetzlicher Vorschriften tragen,) an hülfsbedürftige Personen Unterstützungen für einen Zeitraum gewährt sind, für welchen den Empfängern ein Anspruch auf Invaliden- oder Altersrente zusteht, geht dieser in Höhe der geleisteten Unterstützung auf den Träger der Armenlast über.

Besondere Kasseneinrichtungen, welche ihren nach diesem Gesetz versicherungspflichtigen Mitgliedern für den Fall der Invalidität oder des Alters Renten oder Kapitalien gewähren: Fabrik-, Knappschafts-, Seemannskassen rc., ferner Invaliditäts- und Alterskassen mit ortsstatutarischer Beitrittspflicht dürfen, soweit sie nicht in die Gesammtorganisation eingereiht sind, ihre Unterstützungen für die Empfänger von reichsgesetzlichen Invaliden- oder Altersrenten um den Wert der Letzteren oder zu einem geringeren Betrage ermäßigen. Vorausgesetzt ist, daß die Beiträge der Kassenmitglieder eine entsprechende Herabminderung erfahren. Der betreffende Beschluß hat keine rückwirkende Kraft auf

*) Motive S. 40.

früher oder vor dem 1. Januar 1891 bewilligte Unterstützungen aus der Kasse. Die erforderliche Statutenänderung unterliegt der Genehmigung durch die zuständige Landesbehörde. Letztere kann die Aenderung auch selbst bewirken, sofern die zur Kasseneinrichtung beitragenden Betriebsunternehmer oder die Mehrheit der Kassenmitglieder die Abänderung beantragt haben, der Antrag aber von den zuständigen Organen der Kasse abgelehnt worden ist. Der erwähnten Beitragsermäßigung bedarf es nicht bei statutenmäßig geregelter und von der Aufsichtsbehörde genehmigter Verwendung der Ersparnisse, welche durch die Herabminderung der Unterstützungen erzielt werden, zu anderen Wohlfahrtseinrichtungen für Betriebsbeamte und Arbeiter oder deren Hinterbliebene. Gleiches gilt, soweit die Beiträge in der bisherigen Höhe zur Deckung der Leistungen, die der Kasse verbleiben, erforderlich sind. Für Empfänger von Invaliden- oder Altersrenten aus Kassen dieser Art tritt ein Erlöschen der Anwartschaft nicht ein. Letztere soll ihnen bis zur Erlangung einer Invaliden- oder Altersrente gewahrt bleiben, nachdem sie auf Grund der statutarischen Bestimmungen ihrer Kasse invalidisiert sind.

Besondere Bestimmungen gelten ferner für Versicherte, die zugleich der reichsgesetzlichen Unfallversicherung unterliegen. Verunglücken solche Personen in dem Betriebe, dem sie angehörten, so erhalten sie die Unfall-, nicht die Invalidenrente. Damit denselben aber, wenn sie sich mit ihren Ansprüchen statt an die Berufsgenossenschaft — die Trägerin der Unfallversicherung — an die Versicherungsanstalt wenden, hieraus keine Verzögerung in Ansehung des Rentengenusses entstehe, muß die Anstalt die Feststellung der Invalidenrente bewirken, sofern nur deren Voraussetzungen gegeben sind. Der Anstalt bleibt es überlassen, die Berufsgenossenschaft wegen Ersatzes der gezahlten Rente in Anspruch zu nehmen.

Streitigkeiten zwischen den Berufsgenossenschaften und den Versicherungsanstalten über die Verpflichtung zur Gewährung einer Unfallentschädigung überhaupt werden durch die nach dem Unfallversicherungsgesetze vom 6. Juli 1884 zuständigen Behörden (Schiedsgerichte, Reichsversicherungsamt) erledigt. Etwaige andere aus dem Ersatzanspruch der Versicherungsanstalten entstehende Streitigkeiten sind vor den ordentlichen Richter verwiesen.

Für Empfänger reichsgesetzlicher Unfallrenten ruht der erworbene Anspruch auf Invaliden- oder Altersrente solange und soweit, als die Unfallrente im Betrage von 415 Mark oder mehr gewährt wird. Erreicht sie diesen Betrag nicht, so kommt die Invaliden- oder Altersrente nur in Höhe der Differenz zwischen 415 Mark und der Höhe der Unfallentschädigung zur Auszahlung. Dies gilt auch dann, wenn der erworbene Anspruch auf Invalidenrente den vorerwähnten Betrag übersteigt, was nach Ablauf von 50 Beitragsjahren bei steter Beschäftigung zu Lohnklasse IV der Fall ist. Der Anspruch auf die volle Invaliden- oder Altersrente erwacht mit Fortfall der Unfallentschädigung. Hervorzuheben ist, daß die Voraussetzungen der Letzteren durchaus andere sind, als die der Invalidenrente. Die Unfallentschädigung wird insbesondere auch solchen Personen zu Teil, die durch einen Unfall nur mittelbar berührt werden. Beispielsweise gebührt sie der Witwe, deren Ehemann im Betriebe eines Bergwerks, einer Fabrik 2c. getötet worden ist. Bezieht eine solche Witwe zugleich eine Invalidenrente, z. B. in Höhe von 300 Mark, und erhält sie von der Berufsgenossenschaft mit Rücksicht auf den Unfall, der ihr den Ernährer geraubt, 400 Mark jährlich, so ermäßigt sich der erstere Anspruch um 285 Mark Verheiratet sie sich wieder, so fällt die Unfallentschädigung fort, und die Invalidenrente erwacht in ursprünglicher Höhe.

Die Bestimmung, betreffend das Ruhen der Rentenansprüche gilt in gleicher Weise für Personen, welche vom Reich, von einem Bundesstaate oder von anderen öffentlichen Verbänden oder Körperschaften Pensionen oder Wartegelder beziehen.

Im Zusammenhange mit dem Ruhen des Rentenanspruchs steht das oben (§ 1) erörterte Recht, die Befreiung von der Versicherungspflicht in Antrag zu bringen. Die Absicht des Gesetzes geht hierbei dahin, dergleichen Personen nicht um voraussichtlich nur geringer Vorteile willen zu Beiträgen von nicht entsprechender Höhe heranzuziehen.

Das Ruhen der Invaliden- oder Altersrente tritt ferner ein, solange der Versicherte eine die Dauer von einem Monat übersteigende Freiheitsstrafe verbüßt, solange er in einem Arbeits- oder Korrektionshause untergebracht ist, oder solange er im Auslande wohnt; doch kann der Bundesrat die letztere Vorschrift für bestimmte Grenzgebiete außer Kraft setzen.

Ist der Berechtigte ein Ausländer, so kann er bei Aufgabe des inländischen Wohnsitzes auch mit dem dreifachen Betrage der Jahresrente abgefunden werden.

Schadenersatzansprüche der Invalidenrentner gegen Dritte, welche die Erwerbsunfähigkeit herbeigeführt haben, gehen in Höhe der zu zahlenden Renten kraft Gesetzes auf die Versicherungsanstalt über. —

Die Renten sind in monatlichen Teilbeträgen im Voraus zu zahlen und auf volle fünf Pfennige für den Monat nach oben abzurunden.

Feste Kapitalabfindungen dürfen, ausgenommen an Ausländer, die das Reichsgebiet verlassen, nicht gewährt werden.

Die Zahlung hat im allgemeinen in Geld zu erfolgen. Doch kann durch statutarische Bestimmung einer Gemeinde für ihren Bezirk oder eines weiteren Kommunalverbandes für den seinigen oder Teile desselben angeordnet werden, daß land- und forstwirtschaftlichen Arbeitern die Rente bis zu zwei Dritteln ihres Betrages in Form von Naturalleistungen gewährt wird. Vorausgesetzt ist, daß die Versicherten in den betreffenden Bezirken als Arbeiter in land- oder forstwirtschaftlichen Betrieben beschäftigt gewesen sind und als Rentenempfänger daselbst wohnen; ferner, daß sie dort ihren Lohn ganz oder zum Teil in Form von Naturalbezügen erhalten haben; endlich, daß in den Bezirken, für welche die Anordnung ergehen soll, der Lohn der genannten Arbeiterkategorien ganz oder zum Teil in Naturalien herkömmlich verabfolgt wird. Die statutarische Bestimmung bedarf der Genehmigung der höheren Verwaltungsbehörde. Letztere setzt auch die Durchschnittspreise fest, nach welchen der Wert der Naturalleistungen in Ansatz zu bringen ist.

Personen, welchen wegen gewohnheitsmäßiger Trunksucht nach Anordnung der zuständigen Behörde in öffentlichen Schankstätten geistige Getränke nicht verabfolgt werden dürfen, ist die Rente in derjenigen Gemeinde, für deren Bezirk das Verbot besteht, nach ihrem vollen Betrage in Naturalien zu gewähren. —

Die Renten können rechtswirksam weder verpfändet, noch übertragen werden. Auch der Zwangsvollstreckung unterliegen sie nicht, es sei denn, daß Letztere zur Befriedigung der Ehefrau und der ehelichen Kinder des Schuldners wegen solcher Alimente, welche für die Zeit nach Erhebung der Klage und das letzte Vierteljahr vor diesem Zeitpunkt, oder wegen der Forderungen der ersatzberechtigten Gemeinden und Armenverbände ausgebracht wird.

Die Invalidenrente kann entzogen werden, wenn in den Verhältnissen des Empfängers eine Veränderung eintritt, die ihn nicht mehr als erwerbsunfähig erscheinen läßt. Bei erneuter Erwerbsunfähigkeit und demgemäß eintretender Rentenbewilligung wird die Zeit des früheren Rentenbezuges als Beitragszeit in Lohnklasse II wie eine bescheinigte Krankheit in Anrechnung gebracht. —

Den Mitgliedern besonderer Kasseneinrichtungen, welche in die Gesamtorganisation eingereiht sind, ist bei Berechnung der Rente, soweit es sich um das Maß des reichsgesetzlichen Anspruchs handelt, unbeschadet der Bestimmungen über das Erlöschen der Anwartschaft, die bei Versicherungsanstalten zurückgelegte Beitragszeit in Anrechnung zu bringen.

C. Die Erstattung von Beiträgen findet statt an weibliche Versicherte, die eine Ehe eingehen; bei

5*

Todesfällen männlicher Versicherter an die Witwe oder, falls eine solche nicht vorhanden ist, an die hinterlassenen ehelichen Kinder unter fünfzehn Jahren; bei Todesfällen weiblicher Versicherter an die hinterlassenen vaterlosen und unehelichen Kinder vorgenannten Alters. Vorausgesetzt ist, daß die Versicherten zur Zeit ihrer Verheiratung, bezw. ihres Ablebens nicht schon Empfänger reichsgesetzlicher Invaliden- oder Altersrenten waren, ferner daß für dieselben mindestens für fünf Beitragsjahre Beiträge entrichtet worden sind.

Der Anspruch weiblicher Personen, die eine Ehe eingehen, muß bei Vermeidung des Ausschlusses binnen drei Monaten nach der Verheiratung geltend gemacht werden. Demselben ist stattzugeben, auch wenn die versicherungsbegründende Thätigkeit nach Abschluß der Ehe fortgesetzt wird. Die Erstattung der Beiträge ist hierbei als Aussteuer gedacht. Sie bewirkt ein endgültiges Erlöschen der bis dahin bestehenden Anwartschaft. Die Versicherte wird also zu prüfen haben, ob es für sie vorteilhafter ist, das Versicherungsverhältnis auf Grund der weiter bestehenden Beitragspflicht, bezw. freiwillig fortzusetzen, oder die Beitragserstattung zu verlangen. Letzteres wird sich im allgemeinen nur bei definitivem Ausscheiden aus einer versicherungspflichtigen Beschäftigung, sowie bei dringender Benötigung von Baarmitteln bei Gelegenheit der Eheschließung empfehlen.

Auch die Beitragserstattung an die Hinterbliebenen von Versicherten findet nur auf deren Antrag statt. Eine Frist für die Anmeldung ist nicht vorgeschrieben. Die Beiträge werden nicht erstattet, sofern für die Hinterbliebenen aus Anlaß des Todes, der Lauf einer reichsgesetzlichen Unfallrente beginnt.

Die Berechtigten erhalten die Hälfte der für sie entrichteten Beiträge erstattet, also so viel, als die Versicherten normaler Weise selbst beigebracht haben. Ist die Versicherung eine freiwillige gewesen, so ist auch die Hälfte der entrichteten Zusatzbeiträge zu erstatten.

Abschnitt III.

§ 5.

Geltendmachung des Rechts aus der Versicherung. Verteilung der Renten. Verwaltung. Organisation.

A. Die Gewährung der Invaliden- und Altersrenten, sowie die Erstattung von Beiträgen erfolgen nicht von amtswegen, vielmehr haben die Versicherten entsprechende Anträge zu stellen.

Die Invalidenrente beginnt mit dem Tage, an welchem der Verlust der Erwerbsfähigkeit eingetreten ist. Als dieser Zeitpunkt gilt im Zweifel der Tag, an welchem der Antrag auf Bewilligung der Rente gestellt ist. Die Altersrente beginnt frühestens mit dem ersten Tage des einundsiebenzigsten Lebensjahres.

Die Anträge auf Rentenbewilligung sind bei der unteren Verwaltungsbehörde des Wohnorts (Landrat, Magistrat); die Anträge auf Erstattung von Beiträgen bei der Vertretung derjenigen Versicherungsanstalt einzureichen, deren Marken ausweislich der Quittungskarte zuletzt verwendet worden sind. Vertreten wird die Anstalt durch ihren Vorstand (vergl. unten). Den Anträgen sind die Quittungskarten und andere Beweismittel; Physikatsatteste, Geburts-, Sterbe- und Heiratsurkunden rc. beizufügen. Kosten werden den Antragstellern aus der Beschaffung dieser Beweismittel kaum entstehen, da nach ausdrücklicher Vorschrift des Gesetzes alle zur Begründung und Abwickelung der Rechtsverhältnisse zwischen den Versicherungsanstalten einerseits und den Arbeitgebern und Versicherten andererseits erforderlichen Urkunden kosten- und stempelfrei sind.

Handelt es sich um Feststellung einer Invalidenrente, so hat die untere Verwaltungsbehörde die für den Wohnort des Antragstellers zuständigen örtlichen Organe der Versicherungsanstalten: aus dem Kreise der Arbeitgeber und der Versicherten zu bestellende Vertrauensmänner — zu hören; ferner auch dem Vorstand der für den Antragsteller zuständigen Krankenkasse oder Gemeindekrankenversicherung Gelegenheit zu geben, sich über den Antrag binnen angemessener Frist zu äußern. Die Vorstände der freien Hülfskassen werden hierbei nicht gehört.

Die untere Verwaltungsbehörde hat die Anträge auf Invaliden- oder Altersrente unter Anschluß der beigebrachten Urkunden und entstandenen Verhandlungen nebst ihrer eigenen gutachtlichen Aeußerung dem Vorstand der Versicherungsanstalt, an welche zuletzt Beiträge entrichtet worden sind, zu übersenden.

Der Vorstand kann nach Eingang der Anträge auf Renten oder Erstattung von Beiträgen zur Ergänzung des Beweismaterials auf Kosten der Anstalt weitere Erhebungen veranlassen.

Ergiebt sich, daß die gesetzlichen Voraussetzungen des Anspruchs nicht vorliegen, so ist der Antrag ohne weiteres abzuweisen. Anderenfalls sind sämtliche Quittungskarten des Antragstellers von der aufbewahrenden Stelle — der ersten Versicherungsanstalt — einzufordern. Die Höhe der Rente oder der zu erstattenden Beiträge muß sofort festgestellt werden. Dem Antragsteller ist ein schriftlicher Bescheid zu erteilen, welcher die Berechnungsart ersehen lassen muß. Ablehnende Bescheide sind zu begründen.

Aehnlich gestaltet sich das Verfahren bei der Entziehung der Invalidenrente, nur daß hier die Initiative von der Versicherungsanstalt ausgeht. Die untere Verwaltungsbehörde hat auf Antrag die notwendigen Erhebungen zu bewirken und die entstandenen Verhandlungen nebst dem eigenen Gutachten dem Vorstand der Versicherungsanstalt zu überreichen. Wirksam wird die Entziehung von dem Tage ab, an welchem der sie aussprechende Bescheid zugestellt ist. Letzterer ist zu begründen.

Die Bescheide des Vorstands können mit der Berufung auf schiedsgerichtliche Entscheidung angefochten werden.

An der Festsetzung und Entziehung der gesetzlichen Vorteile sind nicht allein die Versicherten und die Versicherungsanstalt interessiert, deren Vorstand die Festsetzung oder Entziehung bewirkt, sondern auch das Reich, namentlich wegen des Zuschusses zu den Renten und als oberster Hüter der rechtmäßigen Durchführung des Gesetzes; ferner auch alle diejenigen Versicherungsanstalten, denen Beiträge des Versicherten zugeflossen sind, weil diese Anstalten, wie unten zu zeigen, nach Maßgabe der ihnen zugeflossenen Beiträge mit den Renten und der Beitragserstattung anteilig belastet werden. Das Gesetz hat deshalb zur Wahrnehmung der Interessen des Reichs und der Versicherungsanstalten ein besonderes Organ geschaffen: den Staatskommissar. Derselbe wird von den Landesregierungen im Einvernehmen mit dem Reichskanzler für den Bezirk einer jeden Versicherungsanstalt bestellt. Bei gemeinsamen Versicherungsanstalten erfolgt die Ernennung durch die Regierung des Bundesstaats, in welchem sich der Sitz der Anstalt befindet. Der Staatskommissar ist insbesondere befugt, den Verhandlungen der Organe der Versicherungsanstalten mit beratender Stimme und den Sitzungen der Schiedsgerichte beizuwohnen, Anträge zu stellen, Rechtsmittel einzulegen und Einsicht in die Akten zu nehmen. —

Die Berufung auf schiedsgerichtliche Entscheidung gegen die Bescheide des Vorstands ist den Versicherten unbeschränkt, dem Staatskommissar nur insoweit gegeben, als durch den Bescheid die Erwerbsunfähigkeit anerkannt oder eine Rente festgestellt wird. Von seinem Rechte darf der Staatskommissar auch im Interesse der Versicherten Gebrauch machen. Kein Rechtsmittel hat er gegen solche Bescheide, durch welche die Erwerbsunfähigkeit verneint, eine Invalidenrente entzogen oder die Erstattung von Beiträgen festgestellt oder zurückgewiesen wird.

Die Berufung geht an das Schiedsgericht. Für den Bezirk einer jeden Versicherungsanstalt wird auf Kosten der Letzteren mindestens ein Schiedsgericht errichtet. Zahl und Sitz dieser Gerichtshöfe werden von der Zentralbehörde des Bundesstaats bestimmt, in welchem der Anstaltsbezirk liegt. Erstreckt sich dieser über die Gebietsteile mehrerer Bundesstaaten, so wird die Bestimmung von dem Reichsversicherungsamt im Einvernehmen mit den beteiligten Zentralbehörden getroffen.

Das Schiedsgericht besteht aus einem ständigen Vorsitzenden und aus Beisitzern im unbesoldeten Ehrenamt. Den Vorsitzenden ernennt die Zentralbehörde des Bundesstaats aus der Zahl der öffentlichen Beamten. Für denselben ist zugleich ein Stellvertreter zu ernennen, der ihn in Behinderungsfällen vertritt. Eine Vergütung wird dem Vorsitzenden und dessen Stellvertreter von der Versicherungsanstalt nicht gewährt. Die Zahl der Beisitzer muß aus der Klasse der Arbeitgeber und der Versicherten mindestens je zwei betragen. Dieselben erhalten nur baare Auslagen erstattet; soweit sie aus der Klasse der Versicherten entnommen sind, auch Vergütung für entgangenen Arbeitsverdienst. Beides nach Anordnung des Vorsitzenden. Die Beisitzer werden in der statutarisch durch die Versicherungsanstalt zu bestimmenden Anzahl, getrennt nach Arbeitgebern und Versicherten, auf fünf Jahre gewählt. Die Gewählten bleiben so lange im Amt, bis ihre Nachfolger dasselbe antreten. Wählbar sind nur deutsche, großjährige, im Bezirk der Versicherungsanstalt wohnende Personen, welche im Besitz der bürgerlichen Ehrenrechte und nicht durch richterliche Anordnung in der Verfügung über ihr Vermögen beschränkt sind, (nicht also in Konkurs verfallene, für wahn-, blödsinnig oder für Verschwender erklärte Personen). Es dürfen ferner nur Arbeitgeber gewählt werden, auf denen die Beitragspflicht lastet, und nur solche Arbeitnehmer, die nach Maßgabe dieses Gesetzes versichert sind.*)

*) Die Wahl erfolgt durch den Ausschuß der Versicherungsanstalt, vergl. unten.

Diejenigen Versicherten, welche als Arbeitgeber versicherungspflichtige Personen nicht blos vorübergehend beschäftigen, werden der Klasse der Arbeitgeber zugerechnet. Größere Arbeitgeber, die dem Versicherungszwange unterliegen, zählen also stets zur Klasse der Arbeitgeber, kleinere hingegen nur dann, wenn sie selbst nicht versichert sind.

Die Ablehnung der Wahl folgt den Bestimmungen des Landesrechts über die Ablehnung von Vormundschaften. Sie steht auch denjenigen Personen zu, welche bereits auf Grund eines der Unfallversicherungsgesetze ein Ehrenamt bekleiden. Die aus dem Amt ausscheidenden Beisitzer sind wieder wählbar.

Die Richter sind auf gewissenhafte Erfüllung der Obliegenheiten ihres Amts eidlich zu verpflichten. —

Die Schiedsgerichte entscheiden in der Besetzung von drei Mitgliedern, unter denen sich ein Arbeitgeber und ein Versicherter befinden muß. Das Verfahren vor demselben wird durch die mit Genehmigung des Bundesrats erlassene Kaiserliche Verordnung vom 1. Dezember 1890 geregelt.

Die Schiedsgerichte erscheinen danach als Beschwerdeinstanzen, umgeben mit den Garantieen unabhängiger Rechtspflege.

Der Grundsatz: Niemand darf seinem ordentlichen Richter entzogen werden — findet seinen Ausdruck in den Bestimmungen über die örtliche Zuständigkeit der Gerichte und die Zuziehung der Beisitzer.

Als örtlich zuständig gilt, falls für den Bezirk einer Versicherungsanstalt mehrere Schiedsgerichte gebildet sind, regelmäßig das Gericht des letzten Beschäftigungsorts; bei Entrichtung der letzten Beiträge behufs freiwilliger Fortsetzung der Versicherung ist jedoch das Gericht des Aufenthaltsorts zur Zeit der letzten Beitragsentrichtung örtlich zuständig.

Die Beisitzer werden, sofern die Versicherungsanstalt statutarisch nicht ein Anderes bestimmt, getrennt nach Arbeitgebern und Arbeitnehmern in alphabetischer Reihenfolge zu den Sitzungen zugezogen. Abweichungen hiervon sind durch den Vorsitzenden aktenmäßig zu begründen.

Alles dieses gilt auch für die Hülfsbeisitzer, welche die ordentlichen Beisitzer in Behinderungsfällen vertreten; nur daß sie nicht besonders gewählt, sondern vom Vorsitzenden aus der Zahl der in der Nähe des Gerichts wohnenden Beisitzer bezeichnet werden. —

Es kommen ferner die Grundsätze der Mündlichkeit und Oeffentlichkeit des Verfahrens zum Ausdruck. Nur bei ausdrücklichem Verzicht aller Beteiligten oder beim Nichterscheinen eines derselben zu dem formgerecht mittels eingeschriebenen Briefs bekannt gemachten Termin darf die Entscheidung nach Lage der Akten ergehen. Eine diesbezügliche Bemerkung muß in die Terminsladung aufgenommen und ein Ausweis hierüber zu den Akten erbracht werden.

Hält das Schiedsgericht oder auch der Vorsitzende allein das persönliche Erscheinen einer Partei für angezeigt, so ist die Bezeichnung der an das Nichterscheinen nach Lage des Falls sich knüpfenden Nachteile in der Ladung zum Ausdruck zu bringen.

Die Oeffenlichkeit kann durch einen öffentlich zu verkündenden Beschluß ausgeschlossen werden, wenn das Schiedsgericht die aus Gründen des öffentlichen Wohls oder der Sittlichkeit für angemessen hält.

Der Vorsitzende handhabt die Sitzungspolizei nach Maßgabe des Gerichtsverfassungsgesetzes. Ueber die Beschwerde gegen die hierbei festgesetzten Ordnungsstrafen entscheidet endgültig die Landes-Zentralbehörde.

Die Mitglieder des Schiedsgerichts können nach Maßgabe der Zivilprozeß-Ordnung abgelehnt werden. Ueber die Ablehnung des Vorsitzenden beschließt das Schiedsgericht. Der Vorsitzende wirkt bei dem Beschlusse nicht mit, seine Stelle vertritt der an Jahren ältere Beisitzer. Können sich die Beisitzer über das Ablehnungsgesuch nicht einigen, so gilt dasselbe für verworfen. Ueber Ablehnungsgesuche in Betreff eines Beisitzers entscheidet der Vorsitzende allein. Der Beschluß kann bei Verwerfung des Gesuchs nur mit der Entscheidung in der Hauptsache angefochten werden.

Die Beisitzer haben bei Fortfall der Voraussetzungen ihrer Wählbarkeit dem Vorsitzenden Anzeige zu machen. Dies hat insbesondere auch dann zu geschehen, wenn ein Beisitzer, welcher als Versicherter zur Zeit seiner Wahl versicherungspflichtige Personen regelmäßig beschäftigte und deshalb zu den Arbeitgebern gezählt wurde, nachträglich sein Personal abschafft. Ein solcher Beisitzer darf auch nicht als Versicherter zugezogen werden, weil er, (wie unten zu zeigen) von den Versicherten nicht erwählt ist.

Die Berufung ist binnen vier Wochen nach Zustellung des angegriffenen Bescheids bei dem Vorsitzenden einzulegen.*) Ist dieselbe innerhalb der vorgeschriebenen Frist bei dem Vorsitzenden des in dem Bescheide als zuständig bezeichneten Schiedsgerichts erhoben, so gilt sie als rechtzeitig, gleichviel ob die Bezeichnung richtig war oder nicht. Die an örtlich unzuständiger Stelle eingelegte Berufung muß unverzüglich unter Benachrichtigung des Berufenden an den Vorsitzenden des zuständigen Gerichtshofs abgegeben werden.

In der Berufung ist der Gegenstand des Anspruchs zu bezeichnen; desgleichen müssen die für die Entscheidung maßgebenden Thatsachen unter Angabe der Beweismittel angeführt werden. Der Rechtsgrund des Anspruchs bedarf keiner Hervorhebung.

Bei verspäteter Einlegung des Rechsmittels, sachlicher Unzuständigkeit des Gerichtshofs, sowie bei rechtlicher Unzulässigkeit oder offenbarer Unschlüssigkeit des Anspruchs kann der Vorsitzende die Berufung durch einen zu begründenden Bescheid zurückweisen. Binnen zwei Wochen vom Tage der Zustellung des Bescheides ab darf der Be-

*) Anmerkung. Für Seeleute, welche sich außerhalb Europas aufhalten, beträgt die Rechtsmittelfrist drei Monate. Die Frist kann von der Behörde, deren Bescheid angegriffen wird, weiter erstreckt werden.

rufende die Anberaumung eines Termins zur mündlichen Verhandlung beantragen. Der Bescheid muß diese Befugnis ersehen lassen.

Ist ein Grund zur Abweisung der Berufung nicht gegeben, so ist Letztere vom Vorsitzenden dem Gegner abschriftlich unter der Anheimgabe zur Einreichung einer Gegenschrift binnen angemessener Frist mitzuteilen. Letztere ist von einer Woche bis zu vier Wochen zu bemessen und kann auf Antrag aus wichtigen Gründen verlängert werden. Der schriftlichen Berufung, sowie der Gegenschrift ist je eine Abschrift beizufügen. Der Staatskommissar hat seinen Schriftsätzen zwei Abschriften beizugeben; gleiches gilt für die Gegenschriften der Versicherungsanstalten, wenn es sich um einen Rentenanspruch handelt. In einfacheren Fällen, sowie bei gegebener Möglichkeit, das Sachverhältnis aus vorliegenden Akten und Urkunden zu ermitteln, kann ohne vorhergehenden Schriftwechsel Termin zur mündlichen Verhandlung anberaumt werden. Die Beteiligten erhalten alsdann gleichzeitig mit der Nachricht vom Termin die Abschrift der Berufung.

Die Schriftsätze sind entweder durch die Beteiligten selbst oder durch ihre gesetzlichen Vertreter oder ihre Bevollmächtigten zu vollziehen. Die Vollmacht bedarf der Schriftform. Kosten können aus dieser Form nicht entstehen: denn alle auf Grund dieses Gesetzes zur Legitimation oder zur Führung von Nachweisen erforderlichen privatschriftlichen Vollmachten sind gebühren- und stempelfrei.

Vertreter, welche, ohne Rechtsanwälte zu sein, die Vertretung geschäftsmäßig betreiben, darf das Schiedsgericht zurückweisen.

Die Prozeßfähigkeit einer Partei und die Legitimation ihres Vertreters sind von amtswegen zu prüfen. Nichtprozeßfähigen Parteien, die ohne gesetzlichen Vertreter sind, kann bis zum Eintritt eines solchen von dem Vorsitzenden ein besonderer Vertreter bestellt werden. Derselbe darf alle Parteirechte, ausgenommen die Empfangnahme von Zahlungen wahrnehmen. Die Bestellung eines besonderen

Vertreters ist auch zulässig, wenn der Aufenthaltsort des gesetzlichen Vertreters unbekannt oder vom Sitze des Schiedsgerichts weit entfernt ist. Die nicht prozeßfähige Partei ist auf ihr Verlangen selbst zu hören.

Die Leitung der mündlichen Verhandlung liegt dem Vorsitzenden ob. Die Verhandlung findet regelmäßig am Sitze des Gerichts statt; doch darf der Vorsitzende aus Zweckmäßigkeitsgründen (Ersparung von Kosten und Reisen, Aufklärung des Sachverhalts, Erleichterung der Beweisaufnahme,) den Gerichtstag auch an einem anderen Orte seines Bezirks abhalten.

Der Vorsitzende oder ein von ihm ernannter Berichterstatter beginnt die Verhandlung mit der Darstellung des Sachverhalts. Demnächst werden die erschienenen Beteiligten gehört. Dem Staatskommissar ist jederzeit das Wort und die Befugnis zur Fragstellung zu erteilen. Letzteres gilt auch bezüglich der Beisitzer. Die Anträge des Staatskommissars zur Klarstellung des Sachverhalts darf das Schiedsgericht nur ablehnen, wenn seiner Ansicht nach die Befolgung des Antrags überwiegende Nachteile besorgen läßt.

Die Beweisaufnahme erfolgt, unabhängig von dem Beweisantritt der Parteien, nach dem freien Ermessen des Gerichts entweder in der Sitzung oder durch ein beauftragtes Mitglied des Gerichts oder durch eine ersuchte öffentliche Behörde. Der Vorsitzende kann die Beweiserhebung schon vor Anberaumung des Verhandlungstermins selbst bewirken.

Zeugen und Sachverständige dürfen zur mündlichen Verhandlung von dem Vorsitzenden auch ohne vorhergehenden Beschluß geladen werden. Die Verpflichtung, sich als Zeuge oder Sachverständiger vernehmen zu lassen, folgt den Bestimmungen der Zivilprozeßordnung. Erachtet das Schiedsgericht die Weigerung als eine rechtmäßige, so dürfen die Parteien binnen zwei Wochen nach der Zustellung der Entscheidung sich hierüber beim Reichsversicherungsamt beschweren. Die Beschwerde ist schriftlich beim Schiedsgericht einzulegen. Zwangsmaßregeln und Strafen gegen ungehorsame Zeugen und Sachverständige sind durch die zu ersuchenden Amts- bezw. Militärgerichte zu verhängen. Die Zeugen und Sachverständigen erhalten Gebühren nach Maßgabe der Gebührenordnung vom 30. Juni 1878.

Eine Berufung kann durch Vergleich beendet werden, wenn sich dieser auf den streitigen Anspruch selbst und auf die etwaigen außergerichtlichen Kosten erstreckt. Zu den Letzteren gehören insbesondere auch die Gebühren der vertragsmäßig bestellten Vertreter. Rechtsgültig wird der Vergleich, sofern nicht eine Erstattung von Beiträgen den Gegenstand des Rechtsstreites bildet, nur mit Zustimmung des Staatskommissars. Letzterer hat seinen Widerspruch in der mündlichen Verhandlung sofort, sonst binnen einer Woche nach Zustellung des Vergleichs geltend zu machen.

Die mündliche Verhandlung, sowie jede Beweisaufnahme erfolgt unter Zuziehung eines vereidigten Protokollführers. Das Protokoll muß die beteiligten Gerichtspersonen unter Hervorhebung ihrer richterlichen Eigenschaften namentlich aufführen, einen Vermerk über die Beteiligung des Staatskommissars enthalten und den Gang der Verhandlung im allgemeinen angeben. Außerdem hat das Protokoll festzustellen: die Zurücknahme von Berufungen, sowie Anerkenntnisse, Verzichte und Vergleiche, von den Schriftsätzen abweichende Erklärungen und Anträge, noch nicht protokollierte Aussagen von Zeugen und Sachverständigen, die Ergebnisse eines Augenscheins, die Beschlüsse eines Schiedsgerichts und die Urteilsformel.

Das Schiedsgericht ist bei seiner Entscheidung an die Ansprüche der Parteien gebunden. Innerhalb derselben urteilt es nach freiem Ermessen. Die Entscheidung ergeht nach Stimmenmehrheit; bei drei Meinungen in Beziehung auf Summen, über welche die Entscheidung freisteht, ist die mittlere ausschlaggebend. Bei der Abstimmung stimmt der Berichterstatter und, wenn ein solcher nicht bestellt ist der an Jahren jüngere Beisitzer zuerst, der Vorsitzende stets zuletzt.

Die Prozeßkosten trägt die Versicherungsanstalt; doch können den Beteiligten durch unbegründete Beweisanträge veranlaßte Kosten zur Last gelegt werden. Letztere, sowie die außergerichtlichen Kosten werden durch Vermittelung des Schiedsgerichts wie Gemeindeabgaben beigetrieben. Zur Entscheidung über die Kosten bedarf es eines Antrages nicht. Dem Staatskommissar dürfen solche weder erstattet, noch auferlegt werden. Bei Einlegung der Berufung durch denselben sind die dem obsiegenden Teil etwa zuzusprechenden Kosten von der Versicherungsanstalt zu erstatten.

Der Vorsitzende verkündet den Beschluß oder die Entscheidung durch Vorlesung des Beschlusses oder der Entscheidungsformel in öffentlicher Sitzung. Die Gründe können verkündet werden. Auch kann die Verkündigung auf eine spätere Sitzung vertagt werden, welche in der Regel binnen einer Woche stattfinden soll. Die Entscheidungen müssen eine gedrängte Darstellung des Sach- und Streitstandes auf Grundlage der gesamten Verhandlungen unter Hervorhebung der in der Sache gestellten Anträge enthalten (Thatbestand); ferner auch die Entscheidungsgründe und die äußerlich zu sondernde Urteilsformel. Dieselben sind in der Urschrift von den Richtern, welche bei der Entscheidung mitgewirkt haben, zu vollziehen.

Aufschiebende Wirkung hat die Berufung nur bei der Erstattung von Beiträgen.

Die Schiedsgerichte unterliegen der Beaufsichtigung durch die für ihre Sitze zuständigen Landes-Zentralbehörden. Letztere können ihre Befugnis anderen Behörden übertragen.

Beschwerden über prozeßleitende Verfügungen der Schiedsgerichte werden von dem Reichsversicherungsamt entschieden.

Für die Geschäftssprache sind die in der Zivilprozeßordnung getroffenen Bestimmungen maßgebend. Eingaben, welche nicht in deutscher Sprache abgefaßt sind, bleiben unberücksichtigt.

Auch die besonderen Kasseneinrichtungen, welche in die Gesamtorganisation eingereiht sind, müssen über den

Anspruch der einzelnen Beteiligten auf Gewährung von Invaliden- oder Altersrente ein schiedsgerichtliches Verfahren unter Mitwirkung von Vertretern der Versicherten zulassen. Die Stellung des Staatskommissars ist hierbei dieselbe, wie gegenüber den Versicherungsanstalten. Doch erstreckt sich seine Thätigkeit nur auf die Kasseneinrichtungen seines Bezirks. —

Bei Anerkennung eines Anspruchs auf Rente oder auf Erstattung von Beiträgen im Widerspruch mit den Vorständen der Versicherungsanstalt oder der Kasseneinrichtung, haben diese die Beträge ihrer Höhe nach sofort festzustellen, sofern nicht über Letztere gleichzeitig erkannt ist. Dabei sind Renten auch dann, wenn die Beteiligten sich bei der schiedsgerichtlichen Entscheidung nicht beruhigen sollten, wenigstens vorläufig zu bewilligen. Gegen die vorläufige Zubilligung einer Rente findet ein Rechtsmittel nicht statt.

Im übrigen steht gegen die Entscheidungen der Schiedsgerichte und zwar auch derjenigen, welche durch die besonderen Kasseneinrichtungen gebildet werden, beiden Teilen das Rechtsmittel der Revision zu. Dasselbe ist auch dem Staatskommissar gegeben, doch nur in dem beschränkten Umfange, in welchem ihm das Recht zur Berufung gebührt.

Die Revision geht in jedem Falle an das Reichsversicherungsamt*) und zwar an die besondere „Abteilung für Invaliditäts- und Altersversicherung", deren vom Kaiser ernannter Vorsitzender ihre Geschäfte unter der Oberleitung des Präsidenten des Reichsversicherungsamts führt. Die Abteilung gilt für die Angelegenheiten der Invaliditäts- rc. Versicherung als Kollegium des Reichsversicherungsamts. Der Präsident des Letzteren ist befugt, den Vorsitz selbst zu übernehmen.

Die Abteilung entscheidet als Revisionsinstanz in der

---

*) Anmerkung. Das Verfahren und den Geschäftsgang regelt die Kaiserliche Verordnung vom 10. Dezember 1890 (R.-G.-Bl. S. 209). Im übrigen finden die auf Grund der Unfallversicherungsgesetze erlassenen Verordnungen vom 5. August 1885 (R.-G.-Bl. S. 255) und vom 13. November 1887 (R.-G.-Bl. S. 523) entsprechende Anwendung.

Besetzung von **vier** Mitgliedern mit Einschluß des Vorsitzenden und unter Zuziehung eines richterlichen Beamten. Die Mitglieder sind zu je zwei aus der Zahl der ständigen und der nicht ständigen Mitglieder des Reichsversicherungsamts zu entnehmen. Unter diesen muß sich je ein Vertreter der Arbeitgeber und der Versicherten befinden. Als solche gelten auch hierbei die auf Grund der Unfallversicherungsgesetze zu nicht ständigen Mitgliedern des Reichsversicherungsamts gewählten Vertreter der Betriebsunternehmer und der Arbeiter, ohne Beschränkung auf die Angelegenheiten ihres besonderen Berufszweiges.

Die Revision ist innerhalb **vier Wochen** nach Zustellung des schiedsgerichtlichen Urteils bei dem Reichsversicherungsamt einzulegen. Sie ist wirksam nur damit zu begründen, daß die angefochtene Entscheidung auf der Nichtanwendung oder der unrichtigen Anwendung des bestehenden Rechts oder einem Verstoß wider den klaren Inhalt der Akten beruhe, oder daß das Verfahren an wesentlichen Mängeln leide. Daß das Urteil auf diesen wesentlichen Mängeln des Verfahrens beruht, ist nicht notwendig.

Die Anfechtungsgründe sind bei Einlegung der Revision anzugeben. Das Revisionsgericht ist an die angeführten Rechtfertigungsgründe nicht gebunden.

Fehlt die Angabe, oder ergiebt die Prüfung der Anträge das Nichtvorhandensein eines Revisionsgrundes, oder ist die Revision verspätet eingelegt, so kann das Rechtsmittel ohne mündliche Verhandlung zurückgewiesen werden. Anderenfalls muß die Entscheidung auf Grund mündlicher Verhandlung ergehen.

Handelt es sich bei einer Entscheidung um eine noch nicht von einer Spruchkammer festgestellte Auslegung solcher gesetzlichen Bestimmungen, welche nach dem Ermessen des Gerichts von erheblicher grundlegender Bedeutung sind, oder soll in einer Rechtsfrage von einer früheren Auffassung einer Spruchkammer abgewichen werden, so ist die Entscheidung durch Beschluß auszusetzen und vor die **erweiterte Spruchkammer** zu bringen. Dieselbe entscheidet in der

Besetzung von sechs Mitgliedern. Unter diesen muß sich ein vom Bundesrat aus seiner Mitte gewähltes, nicht ständiges Mitglied, sowie je ein Vertreter der Arbeitgeber und der Versicherten befinden. An Stelle des Bundesratsvertreters hat in Behinderungsfällen ein ständiges Mitglied des Reichsversicherungsamts zu treten. In allen Fällen muß ein richterlicher Beamter zugezogen werden. In der Regel hat die Verweisung vor die erweiterte Spruchkammer in der mündlichen Verhandlung zu geschehen. Bei Einigkeit des Berichterstatters und des Vorsitzenden über die Voraussetzungen der Verweisung befindet über Letztere die Spruchkammer ohne mündliche Verhandlung.

Bei Aufhebung eines schiedsgerichtlichen Urteils entscheidet die Revisionsinstanz entweder in der Sache selbst oder verweist den Rechtsstreit an das Schiedsgericht oder den Vorstand der Versicherungsanstalt bezw. der besonderen Kasseneinrichtung zurück. In solchem Falle ist die Rechtsansicht des Revisionsgerichts für die Vorinstanz bindend.

Aufschiebende Wirkung hat die Revision nur bei Anträgen auf Erstattung von Beiträgen.

Das Revisionsgericht hat ohne Antrag über die von der unterliegenden Partei zu erstattenden Kosten zu entscheiden. Letztere werden durch Vermittelung des Reichsversicherungsamts zwangsweise wie Gemeindeabgaben beigetrieben.

Von Terminen zur Verhandlung über Rentenansprüche ist dem Staatskommissar der Versicherungsanstalt, welche die Rente festgesetzt hatte, unter Mitteilung der Parteischriften, auch wenn sich derselbe an dem Verfahren nicht beteiligt hat, Kenntnis zu geben. Ihm steht das Recht zu, an solchen Verhandlungen selbst oder durch einen Vertreter teilzunehmen, Anträge zu stellen, Einsicht der Akten zu nehmen und auf Verlangen jederzeit gehört zu werden. Kosten werden ihm nicht erstattet, ebensowenig sind ihm Kosten zur Erstattung aufzulegen. War die Revision von ihm eingelegt worden, so hat die dem obsiegenden Rentenberechtigten etwa zuzusprechenden Kosten die Versicherungsanstalt zu tragen. —

Auf die Anfechtung einer rechtskräftigen Entscheidung finden die Vorschriften über das Verfahren in der Revisionsinstanz und die Bestimmungen der Zivilprozeßordnung über die Wiederaufnahme des Verfahrens entsprechende Anwendung. —

Der endgültig abgelehnte Antrag auf Bewilligung einer Invalidenrente kann vor Ablauf eines Jahres seit der Zustellung wirksam nur wiederholt werden, wenn glaubhaft bescheinigt wird, daß inzwischen Umstände eingetreten sind, aus denen sich das Vorhandensein der dauernden Erwerbsunfähigkeit des Antragstellers ergiebt. Bei Nichtbeibringung solcher Bescheinigungen weist die untere Verwaltungsbehörde den vorzeitig wiedereingebrachten Antrag endgültig zurück.

Analoges gilt für die Anmeldung von Ansprüchen auf Invalidenrente, nachdem Letztere endgültig entzogen ist.

Diese Bestimmungen sind auf die Mitglieder besonderer Kasseneinrichtungen nicht anzuwenden. —

Die Auszahlung der Renten und die Erstattung von Beiträgen erfolgt durch die Postverwaltungen auf Anweisung des Vorstandes der Versicherungsanstalt oder der Kassenverwaltung, welche die Renten und zu erstattenden Beiträge festgesetzt haben. Zuständig für die Rentenauszahlung ist regelmäßig die Postanstalt, in deren Bezirk der Empfangsberechtigte wohnt. Bei Verlegung des Wohnsitzes sind die Renten durch die festsetzende Stelle auf Antrag des Empfangsberechtigten der Postanstalt des neuen Wohnorts zu überweisen. Die besonderen Kasseneinrichtungen können die Auszahlung auch selbst bewirken.

Dem Berechtigten ist von dem Vorstand der Versicherungsanstalt oder von der Kassenverwaltung ein Berechtigungsausweis über die ihm zustehenden Bezüge unter Angabe der beauftragten Postanstalt und der Zahlungstermine auszufertigen. Dies gilt nicht bezüglich der Beitragserstattung. Der Inhaber des Ausweises ist durch diesen zur Abhebung der Renten gegenüber der Postanstalt legitimiert. Letztere kann aber im Zweifel noch anderweitigen Ausweis über die Persönlichkeit des Inhabers verlangen.

Bei Aenderungen in Ansehung der Rentenhöhe im Laufe des weiteren Verfahrens ist dem Berechtigten ein anderer Ausweis zu verabfolgen.

Von der Erteilung des Berechtigungsausweises und der Höhe der dem Berechtigten zustehenden Bezüge ist der unteren Verwaltungsbehörde, in deren Bezirk der Berechtigte wohnt, seitens des Vorstandes der Versicherungsanstalt bezw. der Kassenverwaltung Mitteilung zu machen. —

B. Nach endgültiger Feststellung der Renten und der zu erstattenden Beiträge werden die beteiligten Versicherungs-Anstalten und Kasseneinrichtungen mit diesen Bezügen anteilig belastet.

Für die Vornahme der Verteilung hat das Gesetz ein besonderes Organ geschaffen, welches dem Reichsversicherungsamt als behördlicher Bestandteil einverleibt ist: das Rechnungsbüreau.

Die Verteilung erfolgt, nach Ausscheidung des Reichszuschusses, in dem Verhältnis der Beiträge, welche den einzelnen Anstalten oder Kasseneinrichtungen für den Versicherten zugeflossen sind. Dabei sind angerechnete militärische Dienstleistungen dem Reich in Rechnung zu stellen.

Den besonderen Kasseneinrichtungen ist bei Verteilung der Renten und Beiträge, welche durch eine Versicherungsanstalt festgestellt sind, diejenige Summe von Beiträgen in Anrechnung zu bringen, welche der Versicherte aufgebracht haben würde, wenn er nach dem 1. Januar 1891 statt bei der Kasseneinrichtung, bei einer Versicherungsanstalt versichert gewesen wäre. Die fingierte Einreihung des Berechtigten in die Lohnklassen geschieht unter Zugrundelegung seines Individuallohns, soweit der Berechtigte aber gleichzeitig einer Orts-, Betriebs- (Fabrik-), Bau- oder Innungskrankenkasse oder einer Knappschaftskasse angehört hat, nach Maßgabe der Bestimmungen, welche für die Einreihung von dergleichen Kassenmitgliedern in die Lohnklassen gelten.

Die Verteilung von Renten, welche von einer besonderen Kasseneinrichtung festgestellt sind, erfolgt, soweit ein Anspruch auf dieselben auch nach diesem Gesetze bestehen würde, und die Renten das Maß des reichsgesetzlichen Anspruchs nicht übersteigen, nach dem Verhältnis der den Versicherungsanstalten und der den Kasseneinrichtungen zugeflossenen Beiträge, Letzterer soweit sie für die Gewährung von Renten in der reichsgesetzlichen Höhe als erforderlich zu erachten sind.

Eine Besonderheit gilt für die Uebergangszeit. Bei der Verteilung der Renten, welche bis zum 1. Januar 1906 zur Bewilligung kommen, sind die Versicherungsanstalten, in deren Bezirk der Berechtigte während der Zeit vom 1. Januar 1876 bis zum Inkrafttreten des Gesetzes nachweislich in einem nach diesem Gesetz versicherungsbegründenden Arbeits- oder Dienstverhältnis gestanden hat, in der Weise zu belasten, als ob während dieser Zeit fortlaufend Beiträge in der Lohnklasse I entrichtet worden wären. Die Uebergangsbestimmung bezieht sich nicht auf die besonderen Kasseneinrichtungen.

Die Verteilung ist den Vorständen der beteiligten Anstalten und Kasseneinrichtungen unter Angabe der zu Grunde gelegten Zahlen mitzuteilen. Gegen dieselbe können die Vorstände binnen vierzehn Tagen nach Zustellung der Mitteilung Einspruch bei dem Reichsversicherungsamt erheben. Letzteres entscheidet endgültig nach Anhörung der Vorstände der übrigen interessierten Versicherungsanstalten.

Bei der Verteilung, auf welche die Uebergangsbestimmung Anwendung erleidet, darf jede beteiligte Versicherungsanstalt binnen zwei Wochen nach Empfang der Mitteilung sich den innerhalb drei Monaten nach Ablauf der zwei Wochen zu führenden Nachweis vorbehalten, daß ein nach Maßgabe der Uebergangsbestimmung zu berücksichtigendes Arbeits- oder Dienstverhältnis auch im Bereiche einer anderen Versicherungsanstalt bestanden habe. Vor der Verteilung sind dabei die nach Maßgabe der früher bestandenen Arbeits- oder Dienstverhältnisse zu belastenden Versicherungsanstalten zu hören. Erheben Letztere Widerspruch, so hat das Reichsversicherungsamt über die Berücksichtigung zu beschließen.

Die Zentral-Postbehörden müssen dem Rechnungsbüreau die vorgeschossenen Beträge nachweisen. Letztere werden durch das Rechnungsbüreau nach dem oben bezeichneten Maßstabe auf die beteiligten Versicherungsanstalten und besonderen Kasseneinrichtungen verteilt. Denselben sind Nachweisungen über die ihnen zur Last fallenden Einzelbeträge zu übersenden. Ebenso ist dem Reichskanzler eine Nachweisung über die Beträge zuzustellen, mit welchen das Reich belastet wird. Nach Ablauf eines jeden Rechnungsjahres*) erhalten die Zentral-Postbehörden vom Rechnungsbüreau eine Mitteilung darüber, welche Beträge vom Reich und den einzelnen Versicherungsanstalten bezw. Kasseneinrichtungen zu erstatten sind.

Vom 1. Januar 1892 ab sind die Zentral-Postbehörden berechtigt, von jeder Versicherungsanstalt und Kasseneinrichtung einen Betriebsfonds einzuziehen. Derselbe darf die Höhe der im abgelaufenen Rechnungsjahr vorgestreckten Beträge nicht überschreiten. Seine Zahlung hat in vierteljährlichen Raten an die von den Zentral-Postbehörden bezeichneten Kassen zu geschehen.

Die Versicherungsanstalten und Kasseneinrichtungen müssen die Vorschüsse binnen zwei Wochen nach Empfang der Schlußnachweisungen für das abgelaufene Rechnungsjahr aus ihren bereiten Mitteln oder dem Reservefonds erstatten. Für die Versicherungsanstalten hat im Falle der Unzulänglichkeit ihres Vermögens der weitere Kommunalverband oder der Bundesstaat die Beträge vorzuschießen. Bei gemeinsamen Versicherungsanstalten erfolgt die Aufbringung des Vorschusses im genannten Falle durch die mehreren Kommunalverbände oder Bundesstaaten nach dem Verhältnis der auf Grund der letzten Volkszählung festgestellten Bevölkerungsziffer derjenigen Bezirke, mit welchen sie an der Versicherungsanstalt beteiligt sind.

*) Das Rechnungsjahr ist das Kalenderjahr.

Gegen Versicherungsanstalten, welche mit der Erstattung der Vorschüsse im Rückstande bleiben, ist auf Antrag der Zentral-Postbehörde vom Reichsversicherungsamt das Zwangsbeitreibungsverfahren einzuleiten.

Die Versicherungsanstalten sind befugt, Rückversicherungsverbände zu bilden, d. h. zu vereinbaren, die Lasten der Invaliditäts- und Altersversicherung gemeinsam zu tragen.

Soweit die besonderen Kasseneinrichtungen die Renten, welche sie festgesetzt haben, selbst auszahlen, wird ihnen der Reichszuschuß am Schlusse eines jeden Rechnungsjahrs auf jedesmalige Liquidation direkt überwiesen. Die Versicherungsanstalten, auf welche Teile solcher Renten entfallen, haben ihre Anteile nach Feststellung derselben durch das Rechnungsbüreau den Vorständen der besonderen Kasseneinrichtungen jährlich zu erstatten. —

C. Für die Verbindlichkeiten der Versicherungsanstalten haftet den Gläubigern das Anstaltsvermögen.*) Daneben besteht eine subsidiäre Eintrittspflicht des Territoriums, für welches die Anstalt errichtet ist. Besteht Letztere für den Bezirk eines weiteren Kommunalverbandes, so haftet hinter diesem auch noch der Bundesstaat. Bei gemeinsamen Versicherungsanstalten haften die betreffenden Territorien anteilig nach dem Verhältnis der in der letzten Volkszählung festgestellten Bevölkerungsziffer derjenigen Bezirke, mit welchen sie beteiligt sind.

Das Anstaltsvermögen darf nur zu den Zwecken der Invaliditäts- und Altersversicherung verwendet werden. Einnahmen und Ausgaben sind gesondert zu verrechnen, die Bestände gesondert zu verwahren. Die Versicherungsanstalten dürfen andere als die im Gesetze ihnen übertragenen Geschäfte nicht übernehmen.

---

*) Ein wesentlicher Bestandteil desselben ist der Reservefonds (vgl. Seite 29). Die Rücklagen zu demselben sind für die erste Beitragsperiode, d. h. für die Zeit vom 1. Januar 1891 bis 1. Januar 1901, so zu bemessen, daß er am Schluß des gedachten Zeitraums ein Fünftel der in dieser Periode der Versicherungsanstalt voraussichtlich zur Last fallenden Renten beträgt. Das etwa Fehlende ist in den nächsten

Beim Ausscheiden örtlicher Bezirke aus dem Bezirk einer Versicherungsanstalt*) verbleibt der Letzteren das bis dahin angesammelte Vermögen im vollen Umfange, daneben aber auch die Verpflichtung zur Befriedigung aller auf Verwendung der von ihr ausgegebenen Beitragsmarken beruhenden Ansprüche. Bei Auflösung der Versicherungsanstalt in Folge der Veränderung geht das Vermögen mit allen Rechten und Pflichten auf das Territorium über; es kann aber auch von einer anderen Versicherungsanstalt mit Zustimmung der beteiligten Landesregierungen übernommen werden. Für gemeinsame Versicherungsanstalten erfolgt die Vermögensübernahme durch die beteiligten Kommunalverbände oder Bundesstaaten, und zwar, sofern eine Einigung nicht zu Stande kommt, nach Bestimmung des Bundesrats, oder, wenn nur Kommunalverbände eines Bundesstaats beteiligt sind, der Landes-Zentralbehörde.

Streitigkeiten unter den beteiligten Versicherungsanstalten über die Vermögensauseinandersetzung werden vor dem Reichsversicherungsamt zum Austrage gebracht. Der Gerichtshof entscheidet hierbei in derselben Besetzung, wie als Revisionsinstanz über die Urteile der Schiedsgerichte. Es steht den Versicherungsanstalten auch frei, sich dem Spruche eines Schiedsgerichts zu unterwerfen.

Die besonderen Kasseneinrichtungen können nur mit Genehmigung des Bundesrats sich nachträglich an eine Versicherungsanstalt anschließen und demnächst wieder austreten.**) Bei Auflösung derselben geht ihr Vermögen auf die Versicherungsanstalt über. Streitigkeiten über die Aus-

---

Beitragsperioden — durch Erhöhung der Beiträge — aufzubringen; die Verteilung auf diese Perioden unterliegt der Genehmigung des Reichsversicherungsamts. Durch das Statut der Versicherungsanstalt kann die Erhöhung des Reservefonds bis auf das Doppelte des gesetzlich vorgeschriebenen Betrages angeordnet werden. Eine Inangriffnahme des Reservefonds vor Erlangung der vorgeschriebenen Höhe darf nur in dringenden Bedarfsfällen mit Genehmigung des Reichsversicherungsamts erfolgen.

*) Vgl. S. 23.

**) Woedtke. Anm. zu § 69 Ges.

einandersetzung sind in der oben angetretenen Weise zu erledigen. —

Die Verwaltung des Anstaltsvermögens geschieht in der Art, daß verfügbare Gelder nach Maßgabe der Bestimmungen des Landes-Vormundschaftsrecht über Mündelgelder verzinslich angelegt werden. Sind dergleichen Vorschriften nicht vorhanden, so kann die Anlegung in Schuldverschreibungen erfolgen, welche vom Reich, von einem Bundesstaat oder von Elsaß-Lothringen ihrer Verzinsung nach garantiert oder mit gesetzlicher Ermächtigung ausgestellt sind; oder in Schuldverschreibungen, welche von deutschen Kommunen oder deren Kreditanstalten ausgestellt und entweder seitens der Inhaber kündbar sind, oder einer regelmäßigen Amortisation unterliegen; auch können die Gelder bei der Reichsbank verzinslich angelegt werden.

Der Kommunalverband, bezw. die Landes-Zentralbehörde des Bundesstaats, für welchen die Versicherungsanstalt errichtet ist, können auf Antrag einer Versicherungsanstalt widerruflich gestatten, daß das Anstaltsvermögen bis zu einem Viertel in anderen zinstragenden Papieren oder in Grundstücken, z. B. zur Errichtung von Arbeiterwohnungen,*) angelegt werde. Bei gemeinsamen Versicherungsanstalten entscheidet über derartige Anträge im Falle der Uneinigkeit der Beteiligten die Landes-Zentralbehörde, oder falls mehrere der Letzteren in Frage kommen, der Bundesrat. —

Die gesamte Verwaltung liegt in den Händen der Organe der Versicherungsanstalten und charakterisiert sich als Selbstverwaltung unter staatlicher Aufsicht.

Die Anstalten haben demgemäß das Recht, für sich ein an gewisse gesetzliche Bestimmungen gebundenes Statut zu erlassen. Diejenigen Punkte, welche das Letztere nach dem Gesetze enthalten muß, ergiebt die folgende Darstellung.

Das Statut bedarf zu seiner Gültigkeit der Genehmigung des Reichsversicherungsamts. Dem Letzteren sind die

---

*) Motive Seite 35.

über das Statut gefaßten Beschlüsse mit den Protokollen durch den Vorstand binnen einer Woche einzureichen. Wird die Genehmigung versagt, so findet binnen vier Wochen vom Tage der Zustellung des Ablehnungsbescheides die Beschwerde an den Bundesrat statt. Bei Versäumung dieser Frist oder bei Aufrechterhaltung der Entscheidung, durch welche die Zustimmung versagt wird, hat das Reichsversicherungsamt innerhalb vier Wochen eine abermalige Beschlußfassung anzuordnen. Wird auch das neue Statut nicht genehmigt, oder kommt ein solches nicht zu Stande, so hat das Reichsversicherungsamt selbst ein Statut zu erlassen und auf Kosten der Versicherungsanstalt die zur Ausführung erforderlichen Anordnungen zu treffen. Ebenso sind Abänderungen des Statuts an die Genehmigung des Reichsversicherungsamts gebunden. Bei Versagung derselben findet binnen vier Wochen vom Tage der Zustellung ab die Beschwerde an den Bundesrat statt. Die Voraussetzungen einer solchen Abänderung muß das Statut bestimmen.

Das oberste Organ der Versicherungsanstalt ist der Vorstand. Ihm liegt neben der gerichtlichen und außergerichtlichen Vertretung der Anstalt die Verwaltuug derselben ob, soweit nicht durch Gesetz oder Statut einzelne Angelegenheiten anderen Organen übertragen sind. Die Vertretung erstreckt sich auch auf die Geschäfte und Rechtshandlungen, für welche die Gesetze eine Spezialvollmacht verlangen.

Der Vorstand hat die Eigenschaft einer öffentlichen Behörde. Seine Geschäfte werden von einem oder mehreren Beamten des Territoriums, für welches die Anstalt errichtet ist, wahrgenommen. Diese Beamten sind nach Maßgabe der Vorschriften des Landesrechts von dem Kommunalverbande, bezw. von der Landesregierung zu bestellen. Die Bezüge derselben und ihrer Hinterbliebenen werden von der Versicherungsanstalt vergütet. Bei gemeinsamen Versicherungsanstalten sind für die Bestellung der Vorstandsbeamten und für deren dienstliche Verhältnisse die am Sitze der Anstalt geltenden Vorschriften maßgebend. Bei Erstreckung des Anstaltsbezirks über die Gebietsteile mehrerer Bundesstaaten entscheidet über die Bestellung, falls unter den beteiligten Landesregierungen kein Einverständnis herrscht, der Bundesrat.

Das Statut muß Bestimmung treffen über die Form, in welcher der Vorstand seine Willenserklärungen kund zu geben und für die Versicherungsanstalt zu zeichnen hat. Durch dasselbe kann angeordnet werden, daß dem Vorstande noch andere besoldete oder unbesoldete Personen angehören sollen, und muß im Falle einer solchen Bestimmung zugleich die Art bezeichnet werden, in welcher die Beschlußfassung des Vorstands und seine Vertretung nach außen erfolgen soll. Das Statut muß ferner die Vertretung der Versicherungsanstalt gegenüber dem Vorstande regeln.

Für jede Versicherungsanstalt wird ein Ausschuß gebildet, welcher als Generalversammlung fungiert und aus mindestens je fünf Vertretern der Arbeitgeber und der Versicherten besteht. Die Zahl der Vertreter wird bis zur Genehmigung des Statuts durch die Landes-Zentralbehörde, bei gemeinsamen Versicherungsanstalten, wenn sich der Bezirk derselben über die Gebiete mehrerer Bundesstaaten erstreckt und ein Einverständnis unter den beteiligten Landesregierungen nicht erzielt wird, durch den Bundesrat getroffen. Später muß das Statut selbst die Zahl der Vertreter, die Obliegenheiten, die Befugnisse und die Berufung des Ausschusses, die Bestellung des Vorsitzenden desselben und die Art der Beschlußfassung bestimmen. Die Anzahl der Vertreter der Arbeitgeber und der Versicherten muß gleich sein. Diese Vertreter werden von den Vorständen der im Bezirke der Versicherungsanstalt vorhandenen Orts-, Betriebs- (Fabrik-), Bau- und Innungskrankenkassen, Knappschafts- Seemannskassen und anderer zur Wahrung von Interessen der Seemannsleute bestimmter, obrigkeitlich genehmigter Vereinigungen von Seeleuten gewählt. Soweit die versicherungspflichtigen Lohnempfänger solchen Kassen nicht angehören, ist nach Bestimmung der Bundesregierung den

Vertretungen der weiteren Kommunalverbände oder den Verwaltungen der Gemeindekrankenversicherung bezw. landesrechtlichen Einrichtungen ähnlicher Art eine der Zahl dieser Personen entsprechende Beteiligung an der Wahl einzuräumen. Sind die Vorstände der bezeichneten Kassen und Vereinigungen aus Vertretern der Arbeitgeber und -nehmer zusammengesetzt, so nehmen die den Arbeitgebern angehörenden Mitglieder des Vorstands nur an der Wahl der Vertreter der Arbeitgeber, die den Versicherten angehörenden Mitglieder nur an der Wahl der Vertreter der Versicherten teil. Die Wahl erfolgt nach näherer Bestimmung einer Wahlordnung, welche von der Landes-Zentralbehörde oder der von dieser bestimmten Behörde zu erlassen ist, unter Leitung eines Beauftragten dieser Behörde. Für gemeinsame Versicherungsanstalten, die sich über die Bezirke mehrerer Bundesstaaten erstrecken, erläßt das Reichsversicherungsamt die Wahlordnung.

Für jeden Vertreter sind ein erster und ein zweiter Ersatzmann zu wählen, welche denselben in Behinderungsfällen zu ersetzen und im Falle des Ausscheidens für den Rest der Wahlperiode in der Reihenfolge ihrer Wahl zu vertreten haben. Streitigkeiten über die Wahl werden von der Behörde entschieden, welche die Wahlordnung erlassen hat.

Für die Dauer der Wahlperiode, die Wählbarkeit und die Befugnis zur Ablehnung einer Wahl gelten dieselben Bestimmungen, welche für die Wahl der Beisitzer zu den Schiedsgerichten maßgebend sind. Eine Wiederwahl kann für eine Wahlperiode abgelehnt werden.

Dem Ausschuß liegt die Wahl der Beisitzer zu den Schiedsgerichten ob. Die Zahl derselben muß das Statut bestimmen. Die Wahl erfolgt zu gleichen Teilen in getrennter Wahlhandlung von den Arbeitgebern und den Versicherten nach einfacher Stimmenmehrheit.

Der Ausschuß hat ferner die Jahresrechnungen zu prüfen und die notwendigen Erinnerungen gegen dieselben aufzustellen. Die näheren Anordnungen hierüber erläßt die Landes-Zentralbehörde, bei gemeinsamen Versicherungsanstalten, welche Gebietsteile mehrerer Bundesstaaten umfassen, die Regierung des Bundesstaats, in welchem sich der Anstaltssitz befindet. In Ermangelung solcher Bestimmungen hat das Statut diesbezügliche Anordnungen zu treffen.

Dem Ausschusse müssen im Statut endlich vorbehalten werden: die Beschlußfassung über die Bildung von Rückversicherungsverbänden, die Aufstellung und Abänderung der Statuten, die Ueberwachung der Geschäftsführung des Vorstandes.

Den Vorsitz im Ausschusse führt bis zur Genehmigung des Statuts der Vorsitzende des Vorstands der Versicherungsanstalt. Derselbe beruft die Mitglieder des Ausschusses oder für den Fall rechtzeitig mitgeteilter Behinderung derselben deren Ersatzmänner.

Die Mitglieder des über das Statut beratenden Ausschusses erhalten für ihre Teilnahme Vergütungen, die von der Landes-Zentralbehörde, bei Erstreckung der Versicherungsanstalt über Gebietsteile mehrerer Bundesstaaten durch die Regierung des Bundesstaats, in welchem der Sitz der Anstalt sich befindet, zu bestimmen sind.

Neben dem Ausschuß kann auf statutarische Anordnung ein Aufsichtsrat gebildet werden. Die Bildung eines solchen muß geschehen, wenn nach dem Statut dem Vorstande Vertreter der Arbeitgeber und der Versicherten nicht angehören.

Der Aufsichtsrat übernimmt die Ueberwachung der Geschäftsführung des Vorstandes an Stelle des Ausschusses. Er ist befugt, die Berufung des Letzteren zu verlangen, sobald ihm dies im Interesse der Versicherungsanstalt für geboten erscheint. Das Statut hat die Art seiner Bestellung, sowie seine sonstigen Obliegenheiten und Befugnisse zu bestimmen. Seine Mitglieder müssen den Anforderungen der Wählbarkeit zu den Ehrenämtern genügen.

Die örtlichen Organe der Versicherungsanstalten: Die Vertrauensmänner — sind bei Besprechung der Feststellung der Invalidenrente bereits erwähnt worden.*) Weder sie, noch die Mitglieder des Aufsichtsrats dürfen zugleich dem Vorstande angehören. Das Statut muß über die Art der Bestellung der Vertrauensmänner, über ihre Obliegenheiten und Befugnisse Bestimmung treffen.

Die unbesoldeten Mitglieder des Vorstands, die Mitglieder des Ausschusses und des Aufsichtsrats, die Vertrauensmänner und die Schiedsgerichtsbeisitzer verwalten ihr Amt als Ehrenamt. Sie erhalten nur bare Auslagen erstattet, die Vertreter der Versicherten außerdem Ersatz für entgangenen Arbeitsverdienst. Die Versicherten haben bei Berufung zur Wahrnehmung ihrer ehrenamtlichen Obliegenheiten ihre Arbeitgeber in Kenntnis zu setzen. Anderenfalls kann ihnen die vorgedachte Entschädigung versagt werden. Die Arbeitgeber sind nicht berechtigt, das Arbeitsverhältnis mit Rücksicht auf die Behinderung ihrer Angestellten durch die Ausübung ehrenamtlicher Funktionen aufzuheben. Es ist ihnen, sowie ihren Stellvertretern bei Geldstrafe bis zu 300 Mark oder Haft untersagt, die Versicherten vertragsmäßig oder durch Arbeitsordnungen in der Uebernahme der Ausübung von Ehrenämtern zu beschränken; Vereinbarungen, welche dem zuwiderlaufen, sind nichtig.

Arbeitgeber oder deren Stellvertreter, welche eine Wahl ohne zulässigen Grund ablehnen, oder sich der Ausübung ihres Amts ohne hinreichende Entschuldigung entziehen, werden vom Vorstande mit Geldstrafen bis zu 1000 Mark belegt. Für die Beisitzer der Schiedsgerichte beträgt die Strafe in den genannten Fällen in ihrem Höchstbetrage 500 Mark; dieselbe wird von dem Vorsitzenden des Schiedsgerichts festgesetzt. Versicherte sind bei Ablehnung von Wahlen diesen Strafen nicht ausgesetzt.

Das Statut muß die Höhe aller zu verabfolgenden Vergütungen festsetzen, sowie auch die Höhe der Besoldung bestimmen, welche den statutarisch eingeführten Vorstands-

---

Vgl. Seite *) 70.

mitgliedern zu gewähren ist. Sofern die nach Bestimmung des Statuts bestellten Mitglieder Besoldungen erhalten, hat der Ausschuß oder nach statutarischer Anordnung der Aufsichtsrat die Anstellungsbedingungen festzusetzen.

Das Statut hat endlich Bestimmung zu treffen über die Veröffentlichung der Rechnungsabschlüsse und über die öffentlichen Blätter, durch welche Bekanntmachungen zu erfolgen haben.

Solange die Wahl der gesetzlichen Anstaltsorgane nicht zu Stande kommt, oder solange diese die Erfüllung ihrer Obliegenheiten verweigern, hat der Vorsitzende die Letzteren auf Kosten der Versicherungsanstalt wahrzunehmen, oder durch Beauftragte wahrnehmen zu lassen.

Die Mitglieder des Vorstandes, des Ausschusses und des Aufsichtsrats, sowie die Vertrauensmänner haften der Versicherungsanstalt für getreue Geschäftsführung wie Vormünder ihren Mündeln. Handeln sie absichtlich zum Nachtheil der Versicherungsanstalt, so werden sie in Gemäßheit des Strafgesetzbuchs wegen Untreue bestraft. —

Die staatliche Aufsicht wird durch das Reichsversicherungsamt gehandhabt.

Letzteres hat insbesondere für die Beobachtung der gesetzlichen und statutarischen Vorschriften Sorge zu tragen: es darf jederzeit die Geschäftsführung der Versicherungsanstalten prüfen, Kassenrevisionen vornehmen 2c. Die Organe der Anstalten sind auf Erfordern verpflichtet, ihm die Bücher, Beläge, Wertpapiere, Geldbestände und die auf den Inhalt der Bücher und die Festsetzung der Renten 2c. bezüglichen Schriftstücke vorzulegen. Das Reichsversicherungsamt kann diese Vorlegung, sowie die Befolgung der gesetzlichen und statutarischen Vorschriften durch Geldstrafen bis zu 1000 Mark erzwingen.

Es entscheidet, unbeschadet der Rechte Dritter, über Streitigkeiten bezüglich der Rechte und Pflichten der Anstaltsorgane und der Mitglieder dieser Organe, sowie über Streitigkeiten bezüglich der Auslegung der Statuten und der Gültigkeit vollzogener Wahlen, soweit über Letztere nicht durch die Behörde zu befinden ist, welche die Wahlordnung erlassen hat.*) Auf die dienstlichen Verhältnisse der notwendigen Vorstandsmitglieder findet diese Vorschrift keine Anwendung. —

Ist für das Gebiet eines Bundesstaats auf Grund der Bestimmungen der Unfallversicherungsgesetze ein Landesversicherungsamt gebildet, so fungiert dasselbe hinsichtlich der Versicherungsanstalten seines Bezirks, welche sich über das Gebiet des betreffenden Bundesstaats nicht hinauserstrecken,**) als Aufsichts- und Verwaltungsorgan in den nicht auch die Interessen anderer Versicherungsanstalten berührenden Angelegenheiten an Stelle des Reichsversicherungsamts. Revisionsinstanz ist das Landesversicherungsamt in keinem Falle.

---

*) Vergl. Seite 92.

**) In Betracht kommen nur die Landesversicherungsämter von Bayern, Sachsen, Württemberg, da die sonst noch errichteten über Gebietsteile mehrerer Bundesstaaten hinausreichen.

Sachregister.

(Die Ziffern bedeuten die Seitenzahlen.)

A.

B.

7*

C.

D.

E.

F.

G.

T.

U.

V.

Druck von Albert Koenig in Guben.

Kolibri 360 GmbH
Ferdinand-Jühlke-Straße 7
99095 Erfurt, Deutschland
produktsicherheit@kolibri360.de